U0062522

李君棠 著 垂垂 绘

艺术史的另一半

为什么没有伟大的女艺术家？

·桂林·

艺术史的另一半
YISHUSHI DE LINGYIBAN

出版统筹：冯　波
项目统筹：廖佳平
责任编辑：张维维
营销编辑：李迪斐
　　　　　陈　芳
封面设计：赵　瑾
内文制作：一水長天
责任技编：王增元

图书在版编目（CIP）数据

艺术史的另一半 ： 为什么没有伟大的女艺术家？ / 李君棠著 ； 垂垂绘. --桂林 ：广西师范大学出版社，2022.6

ISBN 978-7-5598-4928-1

Ⅰ. ①艺… Ⅱ. ①李… ②垂… Ⅲ. ①女性－艺术家－生平事迹－世界 Ⅳ. ①K815.7

中国版本图书馆 CIP 数据核字（2022）第 066091 号

广西师范大学出版社出版发行
（广西桂林市五里店路 9 号　邮政编码：541004
网址：http://www.bbtpress.com）
出版人：黄轩庄
全国新华书店经销
广西昭泰子隆彩印有限责任公司印刷
（南宁市友爱南路 39 号　邮政编码：530001）
开本：787 mm × 1 092 mm　1/16
印张：17.25　　　字数：493 千
2022 年 6 月第 1 版　　　2022 年 6 月第 1 次印刷
定价：128.00 元

谨以此书，献给
我的妈妈。
谨以此书，献给
我的老公。

目录

序

成为女艺术家

龙荻

2015 年，我看了很多遍惠特尼美术馆新馆的开幕展，印象最深的是初夏某天碰到一群站在李・克拉斯纳作品《四季》前的私校女中学生。

当时她们正一字排开听美术馆讲解员解析这幅作品的创作背景，讲解员大概说的是：李・克拉斯纳是杰克逊・波洛克的妻子，也是非常出色的抽象表现主义画家，只是在丈夫的盛名之下，她就没有那么有名。波洛克去世之前，克拉斯纳从未创作过这样大尺幅的作品，她只能在丈夫工作室的阁楼里画画，把更大的空间留给丈夫。早在 1949 年，波洛克大尺幅的作品就走红，登上了《生活》杂志这样的主流媒体。1956 年 8 月，波洛克因车祸去世了，1957 年，四十九岁的克拉斯纳从悲痛中走出来，画了这幅画。在这幅画中，人们可以看到她旺盛的生命力，也可以看到她终于有空间去创作大尺幅作品。

失去丈夫是一件悲伤的事，但讽刺的是，只有丈夫的离去，克拉斯纳才真正拥有了属于自己的创作自由和空间。

对新一代的纽约女孩来说，大概很难体会在阁楼里画画的克拉斯纳选择成为艺术家的艰辛。看展的纽约私校女中学生们虽然穿着统一的校服衬衫短裙，但未来她们都可以肆意追求自己的爱好。如果她们选择成为艺术家，若有天赋和努力加持，道路亦将平坦许多。但对克拉斯纳来说，她的犹太家庭、所属阶层，甚至看上去极般配的伴侣都是限制她发展的客观阻力。还在学习艺术的时候，她的一位老师对她作品的赞美也带着性别歧视的滤镜：“你的作品好得不像女人画的。”

这句带着极度偏见的赞许，几乎完美总结了女艺术家面对的历史性和系统性阻碍。那天看展的经历，结合克拉斯纳在阁楼绘画的场景，总让我想起史学名作《张门才女》。在这本叙事精彩的中国性别史著作里，作者还原了晚清常州大家族中几代才女的故事，她们在文学和艺术领域拥有过人的才华，但大多数时候她们的创作只能在家族深闺中分享和流传，因为女人的创作流传出去是不光彩的。

性别史中有个观念，在历史上很长一段时间里，无论东方还是西方，女人都属于内在的家庭空间，而男人属于外在的社会公共空间。男人理应在家庭之外创建一番事业，女人则需要奉献于家庭，尽到母亲或者女儿的本分和职责。男人创建事业制定规则，他们赚钱养家，而真正贡献家庭劳力尽母职之责的女性的劳动则被忽略或贬低了。同时，女性在辅佐的角色上，也很少有机会去追求自己的事业。也许正因为婚姻赋予了克拉斯纳以妻子的身份，她才甘愿在小阁楼里绘画，如果她丈夫没有去世，也许我们都欣赏不到《四季》这样的作品。

李·克拉斯纳 四季 1957 年 235.6 厘米 ×517.8 厘米 现藏于美国惠特尼美术馆

学性别史的经历告诉我，历史上的女性是没有自我身份的，没有自己可以定义的身份，也就没有掌控命运的权力。而艺术创作恰恰非常注重自我和个人的表达，这就和时代对女性的期许形成了冲突。女性的天赋和创作很难被看到和支持，这本书里写到的女艺术家其实属于幸运的极少数。因为观念的限制、现实的阻碍，许多女性的天赋和才华被埋没，把精力奉献给了柴米油盐和家族延续。

但即使是那些在世时能被看到的女艺术家，她们依然要面对来自外界的偏见和误解，因为评价和阐释的权力并不总在她们手里。大多数时候，这样的权力属于千百年来在外创建事业和规则的男性。比如乔治亚·欧姬芙，这些年来无论内行还是外行，提到她的时候都会说那个画花的女人，她画的花象征着生殖器。但乔治亚·欧姬芙本人始终不这么认为，把花和生殖器联系起来，是她的艺术经纪人（后来成了她丈夫的施蒂格利茨）的主意，虽然她后来多次辩解，但先入为主的概念一经传播，固有的印象便很难被改变。正因为阐释和评价的权力不在女性和创作者手中，她们才被扣上了“不够伟大”的帽子。

李·克拉斯纳和乔治亚·欧姬芙的故事都可以在本书中读到。在我看来，这是一本艺术史工具故事书。一方面，读者可以在书中读到古今中外女艺术家的故事；另一方面，读者从这些故事出发，可以去探索更多的艺术作品背后的历史，了解更多女艺术家的创作和她们所处的时代信息。

这本书最大的特点在于，它把这些女艺术家放在她们的时代里进行了讨论。相比历史上和她们同辈的那些无法接受教育、追求艺术理想的女性而言，她们是超越时代的幸运儿。但读者也需要记住，无论时代怎样变迁，无论我们当下一代女艺术家有多大的选择权和创作自由，所有人都是时代的产物，我们或多或少受到时代和环境的规训与限制。李·克拉斯纳为了丈夫可以委屈自己的创作，在丈夫死后倾其一生都在维护他的艺术遗产。我一度很想知道，那么多年奉献于丈夫，克拉斯纳是否遗憾？是否想过离开他？但回看 20 世纪 50 年代，二战后美国发展迅速的冷战年代的社会环境，即便受过最好教育的女性大多也回归了家庭，也许克拉斯纳当年的决定就是在那样的环境下对她来说“最好的”决定。我们不能用如今对艺术家女权程度的要求去要求克拉斯纳。

说到今天，如今当代艺术蓬勃发展，市场大好，选择成为女艺术家就没有阻碍了吗？答案肯定是令人失望的，至少我的体会是这样，那些历史和社会常识中根深蒂固的观念是很难改变的。人们对艺术家的误解往往更深。

如今即使是比较了解我的朋友，好久不见之后问我的第一个问题都是：最近有没有交什么新的男友？个人问题有没有解决？我微笑客气岔开话题，心里也会想对她们大吼，艺术家最重要的个人问题难道不是创作吗？为什么不问我最近在搞什么创作，读了什么书，又有什么进步和启发？

同样，即便今日，仍然有人问已婚的女艺术家，如何平衡事业和家庭？没有人去问已婚的男艺术家这个问题，因为男人的设置就是要去开创事业的疆土，女人就要回到家庭，奉献于家人。这从一个侧面回答了“为什么没有伟大的女艺术家”这个伪命题，但我们更应该问的是当女人选择成为女艺术家，忠于自我和个人的表达与创造的时候，是哪些历史的、系统的、同辈的、异性的、同性的偏见在阻挠和抑制她们的行动？

选择成为女艺术家，与任何选择在这个世界和社会独立开创一番事业的女性一样，都需要极大的自信、耐力和勇气。历史中根深蒂固的偏见是谁都逃不掉的障碍，比那些实际的客观阻碍更无孔不入。

我个人并不介意被人称为女艺术家，虽然有出色的前辈非常介意这样的称谓。这也非常好理解，因为在前辈的时代和创作环境中，女艺术家的作品就算再出色，都会被别人看低一等。但时代在变，女艺术家要真正追求创作与表达的自由，得到平等对待，接受和拥有这个身份也许是第一步。真正有能力的女艺术家，并不需要证明自己和男艺术家（或者男性藏家追捧的艺术家）一样可以创作他们所谓的“伟大”或者“深刻”的作品。而阅读这本书，就可以帮助我们更好地理解女艺术家身份的由来，以及成为女艺术家的不易。

2021 年 11 月 30 日于北京

这是你肯定不会错过的前言！

前言

历史上有伟大的女艺术家吗？

1936 年 12 月 1 日晚，数百名艺术家在纽约因为参与抗议政府解雇艺术家的活动被捕。随即在监狱里发生了一件奇妙的事：所有艺术家心照不宣地在登记时使用了假名，信口胡诌了历史上不同的伟大艺术家的名字蒙混过关。于是，“米开朗琪罗”被捕了，“毕加索”也被捕了。当一个著名艺术家的名字被喊出来的时候，其他人会注目一阵，看谁又挑走了有趣的名字。狱警一头雾水。

女艺术家李・克拉斯纳也是当晚被捕的人之一，她给自己选了印象派画家玛丽・卡萨特的名字。事后，她回忆说：“我当时并没有太多选择……不是用罗莎・博纳尔，就是用玛丽・卡萨特。”

“并没有太多选择”——克拉斯纳无意间道出了艺术史令人尴尬的一面。

历史上有女艺术家吗？答案是肯定的。但是如果加上“伟大”这个形容词，再问一遍这个问题，似乎会让人犯难。女艺术家的名字并不在艺术史的“常识”之内。如果一个受过高等教育的人不认识王维或列奥纳多・达・芬奇，可能会令人惊讶，但是如果那人不知道管道升或弗里达・卡罗，大概却没什么大不了的。在介绍法国印象派的书里，如果绕开画睡莲的克劳德・莫奈，简直是大逆不道之事；而如果恰好忽略了贝尔特・莫里索，却不会有太多人提出质疑，即使莫里索参加印象派联展的次数比莫奈要多得多。

为什么会这样？是女艺术家们更缺少天赋吗？还是她们不知道如何展示自己、让自己被人记住？

1971 年，艺术史学者琳达・诺克林在《艺术新闻》上发表了一篇论文《为什么没有伟大的女艺术家？》（*Why Have There Been No Great Women Artists?*），指出“伟大”的概念本来就是艺术史叙事有意无意编造的一种神话。在这种神话里，一个艺术家有天赋、创造出伟大的作品然后青史留名，是一个不会被动摇的成长模式。然而要成为一个伟大的艺术家并不完全仰赖天赋，而是需要经过反复的训练，得到周遭环境乃至社会的一定程度上的支持。这些先决条件看起来并不浪漫，也总是从伟大艺术家的传说中被删除。诺克林明知故问：“如果毕加索是个女孩呢？他的父亲还会为他投入如此多的注意力和期望吗？”

许多女艺术家甚至从一开始就没有得到训练的机会——欧洲不少美术学院直到 19 世纪才开始接受女学生的申请。如果她们有幸成为男性艺术家的女儿、伴侣或是助手，能够接受基础艺术教育，就会遇到第二个难题——裸体。女艺术家使用裸体模特长期以来被视为绝对的禁忌，而绘画或者雕塑出生动的人体是西方艺术的重要评判标准——让她们在这场比赛里输掉实在太容易了。

诺克林的讲述在西方艺术史学界可谓石破天惊。从那时起，许多人开始努力挖掘历史上那些隐没的天才——被遮蔽的女艺术家们，并且发现，在艺术史的几乎每一个阶段，女艺术家从未缺席，总有女艺术家超越自我和社会的限制，创造出动人心魄的作品，然后迅速被人遗忘。

总是如此。

从诺克林发表这篇论文到现在，已经过去了五十年。在这段时间里，重新发现和讨论历史上的女艺术家的著作数不胜数。

为什么我们仍然想要做这本书呢？

在我们身边，有不少从未系统学习过艺术史的朋友，他们常常会问一些尖锐又无比重要的问题：“为什么这幅画会这么值钱？”“为什么这种‘我也能画’的作品能够堂而皇之地走进美术馆？”“谁来决定一幅画是不是好看的？”这些问题，通常会由一些艺术史科普读物做出解答，但是这些艺术史科普读物往往会有意无意地重复从古至今的偏见——只从男艺术家的角度叙述艺术史。

我们想，如果从女艺术家的角度来梳理和介绍艺术史，也许能提供一个全新的视角，回答更多的问题。比如，“艺术史应该怎么写，是不是由一个人决定的？”“艺术家突出重围，需要什么样的条件？”“艺术家需不需要有商业头脑？”在这本书里，所有女艺术家都不是作为弥补性的角色或者例外存在，也不是“仅仅因为她们是女人”就被选中。我们挑选出了艺术史中不可或缺的女艺术家，了解她们，才能够真正了解艺术史的全貌。

你可以在书里看到各个时代的女艺术家如何突破社会及个人生活中的限制，改变艺术史的进程，提出描绘世界的新方法，创作出令人惊叹的作品；同时，你还可以看到许多有趣的艺术史故事。

我们希望它足够通俗易懂，足够好玩，让你偶尔翻开，就可以从中获得一些有用的知识。

这本书主要是由女艺术家的生平组成的。在她们的故事开始之前，我们会介绍她们生活的时代，比如那个时代喜欢什么样的风格，那个时代艺术家是怎么赚钱的（没错，任何一个时代的艺术家都是需要钱的），而那个时代的先锋艺术家们想解决的问题又是什么。

在阐述每一位女艺术家作品的动人之处和她们对艺术史的影响之外，我们还加入了“人物页”和“印象页”——前者介绍对女艺术家影响深远的，或是不可或缺的亲密人物，后者阐述她的作品和风格给人最主要的印象，让你可以迅速抓住关于她的关键词。

另外，我们认为，忽略也是一种强有力的书写方式。在对女艺术家传记的处理中，我们有意忽略了一些个人史的细节。这些细节通常被用来给女艺术家的作品蒙上一层迷雾，让她们长时间努力工作完成的创作仅仅变成一种情绪化的产物，或者让人以为只有通过这层迷雾才能真正了解她们创造力的来源。在筛选这些人生经历时，我们只会问一个问题：“这和她画得好不好有关系吗？”如果答案是否定的，我们就会故意忽略那些经历，无论它们看起来多么诱人。

最后，我们在这本书里加入了一个常常出现的人物——一个小黑人。他 / 她可以是任何人，可以代替我们发出最天真可爱的疑问并做出解答，也可以代替因为历史记录湮灭而无法找到画像的人。不管这个小黑人是谁，可以确定的是，他 / 她在本书中一定保持着最旺盛的好奇心。

这本书创作于疫情期间，交通的阻隔使我们获取资料增加了一些难度，但许多朋友的帮助，让我们最终将它完成了。我们希望它是一本抛砖引玉的书，在这之后，会有更多人加入进来，完善女艺术家们的故事。

最重要的是，我们想要感谢你。感谢你选择了这本书，作为了解女艺术家和她们的历史的起点，它一定不会让你失望的。

为什么没有伟大的女艺术家？

大家好，接下来你将要看到的，其实是一个悬疑故事。

这个故事从几万年前开始。一个居住在洞穴里的女人在岩壁上画画，她感到非常满意，就在岩壁上留下了一个手印。

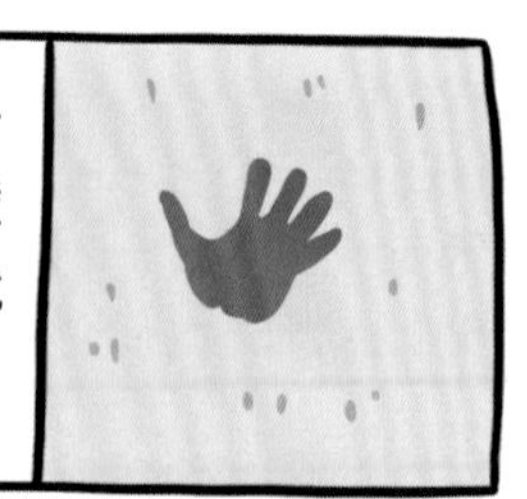

从那时开始，女艺术家就出现了。但是，她们中的大多数却没有被人记住。

这中间，发生了什么？

1971 年，艺术史教授琳达·诺克林发表了一篇论文，标题直接发问：为什么没有伟大的女艺术家？

人们观念里的伟大艺术家大概是这样成长的。

在成为伟大艺术家的神话里，“天赋”的重要性被夸大了。

有天赋！→ 画出动人的作品！→ 出名，变伟大！

如果达·芬奇是个有天赋的女孩，她的家人还会那么努力培养她吗？

在 19 世纪以前，很少有美术学院接受女学生。

女人在很长一段时间里不被允许使用裸体模特。

但“伟大”的艺术很多时候和精确描绘人体的技能有关。

所谓天赋，

只是成为艺术家的条件之一。你要非常非常幸运，才能有机会从种种限制中突围而出。

朱迪·芝加哥在 1979 年展出了一个大型装置《晚宴》，呈现 39 张餐桌，每张桌子代表一位历史上的著名女性（包括女艺术家），地面瓷砖上还有 999 位杰出女性的名字。

其实，我也是个女艺术家。

你现在看不见我的脸，因为我还没有被你注意到。我就埋在某个历史记载里。**同时，我也可以是你们当中的每一个人。**

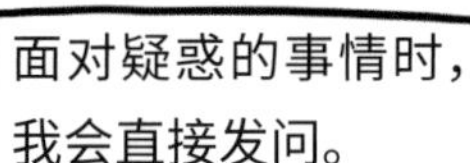

面对疑惑的事情时，我会直接发问。

我在这本书里还会代表所有找不到确切画像的历史人物。

很久很久以前，女艺术家就尝试留下自己的痕迹，让你以后有机会发现她。
当你愿意去看的时候，
伟大的人物就在其中。

第一章

佛兰德斯*与意大利 15—17 世纪

* 佛兰德斯：西欧历史地区名，位于今比利时西部、荷兰南部和法国西北部。

绘画是怎么来的？第一个画画的人，是因为什么而提笔？

在欧洲的传说里，绘画是从人对世界的模仿开始。古罗马的老普林尼在《博物志》里记述，在古希腊时期，一个叫科拉的女孩在爱人离去之前，将他的影子的形状描在了墙壁上，以便想念他时有所凭依。

绘画就是这么出现的。那时候，女艺术家开了一个伟大的头，却还没学会夸耀自己。

艺术家生来就是艺术家吗？

实际上，在 15—17 世纪的欧洲，这些印象都……**不太准确**

首先

成为一位艺术家需要和师傅住在一起，从学徒做起，接受长期的训练，模仿历史上大师们的画作。从学徒到大师，可能需要十年时间。

因为很多情况下需要和男性师傅住在一起，对绘画感兴趣的女性可能就此却步，以免受到道德猜疑。

其次

艺术训练的核心是临摹人的形体。从雕塑开始，再给真人模特写生，直到他们掌握在平面上呈现活生生的人的真正方法。

然而，在很长一段时间里，女人是不被允许使用裸体模特的。

再次

掌握了描绘世界的技艺听起来是件很厉害的事情，不过，绘画和雕塑在那时只是属于手工艺活的一种。艺术家和工匠一样，受到“手工艺人行会”的管辖。

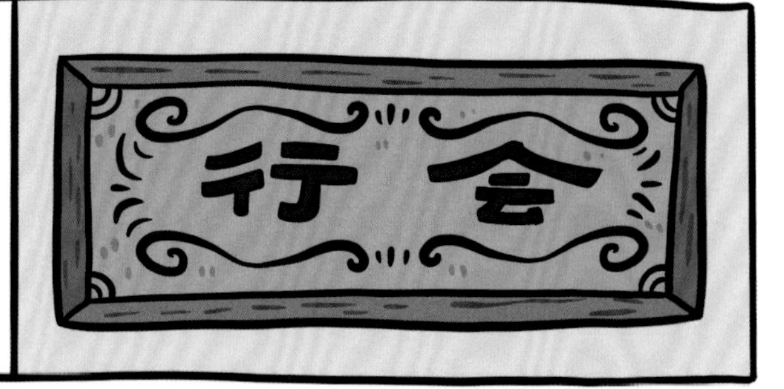

然后

行会评估艺术家的技术，给他们发放认证——一个叫“大师”的头衔。然后，艺术家们就可以从行会这里得到委托了。

最后

委托的客户叫作“赞助人”。赞助人可以是国王、公爵、教会、商人或行会。

现在可能更多人叫他们“甲方”。

找到赞助人意味着一段时间内有稳定的收入来源。达·芬奇就曾写信向米兰公爵自荐，最终获得了一个职位，在那里他创作了《最后的晚餐》。

可是

无论获得怎样的商业成功，
艺术家的地位仍然和工匠没有区别。
有些艺术家不满足于只被当作一个手工艺人，
或是一个按照赞助人想法生产产品的工匠。

卡特琳娜·范·海默森

我是艺术家
你要看到我

她创作出了西方艺术史上最早的工作中的艺术家自画像
在三十岁前创作出了目前已知的所有作品
然后从艺术史消失

15—17 世纪，一位女艺术家成功所需要的条件

艺术训练

扬·桑德斯·范·海默森
（约 1500—约 1566 年）
父亲，画家

卡特琳娜比同时代的许多女性幸运，因为她的父亲是画家扬·桑德斯·范·海默森，所以她在家中就可以接受完整的艺术教育，甚至可以在父亲的保护下画男性裸体模特，不用担心到男性画家的作坊里当学徒时被人指指点点。

赞助人

匈牙利的玛丽
（1505—1558 年）
匈牙利王后，尼德兰总督

卡特琳娜的画技打动了欧洲赞助人。1556 年，匈牙利玛丽王后邀请她到西班牙宫廷里绘画，直到两年后王后去世。

家庭支持

克雷蒂安·德·莫里恩
（？）
音乐家

1554 年，卡特琳娜和音乐家克雷蒂安结婚，并且和他一起到西班牙宫廷为王后服务。在卡特琳娜生活的时代，结婚后的女艺术家需要获得丈夫的准许才能继续从事绘画这一职业。而我们至少可以确定，在王后活着的时候，卡特琳娜得到了家里的支持。

行会认可

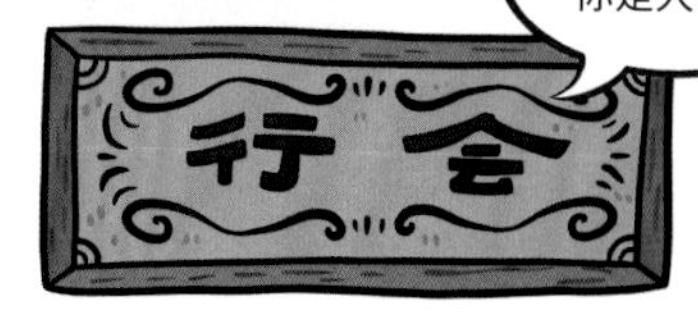

安特卫普* 的圣路加行会

卡特琳娜年轻时就得到了当地行会的认证，获得了“大师”的头衔，并开始自己培养学徒。

看吧，不画自画像，这本书的作者就会把找不到肖像的人画成“小黑人”。

卡特琳娜·范·海默森
（1528—？）

* 安特卫普：佛兰德斯城市名，现比利时城市。

西方艺术史
画自画像第一人

艺术家们是从什么时候开始想要留下自己的痕迹的?

这件事很难考证。一直以来，总有艺术家在悄悄地做这件事：在古希腊的陶瓶上，有艺术家自豪地签上了自己的名字；在中世纪的手稿上，有艺术家在文字间加上了自己的小画像；在 15 世纪时，画家罗吉耶・凡・德尔・维登画了《圣经》圣路加给圣母画像的场景，然后把圣路加的脸画成了自己的样子，暗暗地宣告艺术家也可以拥有某种神圣的地位。

那时，艺术家是手艺人的一种，他的地位和收入有时甚至不如工匠。在作品中留下自己的姓名或者长相，是艺术家强调自己存在的方式之一。

但是，很久以来，还没有艺术家大胆地站出来说：我就是艺术家，一幅画的焦点应该是我，不是某位神明或者国王；工作中的我是自信的，而非卑贱的。

直到

卡特琳娜・范・海默森这样做了。

卡特琳娜·范·海默森　自画像　1548 年　现藏于瑞士巴塞尔美术馆

我存在过

1548 年，佛兰德斯画家卡特琳娜·范·海默森画的自画像是西方艺术史上目前已知最早的艺术家工作中的自画像。

她发明了这种绘画类别。在她之后，想在自画像上夸耀自己技巧的艺术家总要若有若无地参考她设下的范例。画中，她坐在画架前，正在描绘一幅自画像，左手拿着画笔、颜料盘，右手扶着用来固定手的位置的支腕杖，看起来早已精通绘画这门技艺。

在摄影技术发明之前，艺术家画下自己的形象通常要照镜子，而卡特琳娜用自画像定格了这个过程中的一瞬间。这个选择很聪明：这样，她就能大胆、自信地盯着观众看，展示她作为一位画家的气定神闲，而一旦有人质疑她没有像一位淑女一样表现得羞怯、谦逊，她就可以借口说她只是画下了自己照镜子的样子。

在这幅画上，你只能看到她，一切都是关于她的：她的相貌、她的自信、她的才华。最后，她在画的左上角签名“卡特琳娜·范·海默森 / 自画像 / 1548 年 / 20 岁”。

我消失了

对这位突破了时代限制的艺术家，我们却知之甚少。

我们可以确认的是，卡特琳娜是佛兰德斯著名画家扬·桑德斯·范·海默森的女儿，年轻时就成了范·海默森家艺术工坊里的得力助手，并得到了圣路加行会的大师认证。她的小型肖像画能够精准把握人的姿势和神态，尤其受赞助人欢迎，甚至征服了匈牙利王后玛丽。她在西班牙宫廷为王后服务，直到王后去世。

关于卡特琳娜的性格，我们可以从一些线索里猜测：比如，卡特琳娜总会给自己的作品签名——工作坊里的大部分助手不会留下自己的名字，他们隐没在范·海默森这个姓背后。而卡特琳娜显然有更大的野心。

可是卡特琳娜三十岁之后却在艺术史里消失了。王后去世后，给卡特琳娜和她的丈夫克雷蒂安·德·莫里恩留下了一笔丰厚的抚恤金——也许，更像是退休金：因为他们离开西班牙后，再也没有人见过卡特琳娜的新作品。

让一个女艺术家消失的理由实在是太多了。

这之后可能发生了什么呢？

按照文艺复兴时期可考的女艺术家生平来推测，卡特琳娜后来 **可能——**

突然不想画了

女王给的钱很多，不用再接委托订单了！

画了，但没签名

有些艺术家不在委托作品上签名。

养孩子去了

文艺复兴时期，许多接受过艺术训练的女性在结婚后就不再画画了。

丈夫不希望她继续画画

文艺复兴时期，如果结婚后丈夫希望妻子更关注家庭生活，妻子可能就需要放弃艺术。

视力下降

长时间室内作画会让眼睛视力下降，没办法画出以前那种精细的画面了。

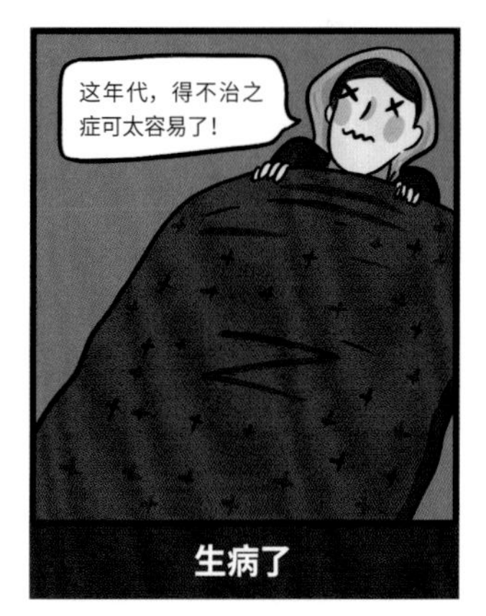

生病了

虽然这个时期医学开始飞速发展，但是仍然不能治愈很多现在很容易治愈的疾病。

谁来定义“伟大”？

——第一个书写艺术史的人

艺术家的名字被一代人记住还不足够。想要被人世世代代歌颂，还需要史学家的努力。1550 年，意大利艺术家乔治・瓦萨里出版了第一本西欧艺术史著作《艺苑名人传》，影响和塑造了许多人对西方艺术史的理解。

乔治・瓦萨里（1511—1574 年）

评选最伟大的艺术家

《艺苑名人传》介绍了许多意大利艺术家的作品和生活轶事，书的全名是《最优秀的画家、雕塑家和建筑师的生平》，这个题目反映了瓦萨里的野心：他不仅仅要保存一份艺术家记录，还要选出他们当中最伟大的艺术家。而且在瓦萨里看来，评判那些伟大的画作需要参考艺术家的生活。至今仍然有人同意这个观点——艺术家的生活和他的作品是不能分开看的，而且艺术史应该呈现的是一代代**艺术家的历史**，而不是一件件作品的历史。

在《艺苑名人传》中，瓦萨里把文艺复兴分为三部分，其中米开朗琪罗、达・芬奇和拉斐尔生活的 16 世纪初被称为“文艺复兴的鼎盛时期”。他认为，是这三位艺术家的作品标记了艺术史巅峰的成就（在“文艺复兴三杰”当中，瓦萨里又把米开朗琪罗尊为最伟大的艺术家）。他们作为顶级大师的地位就此确立，未来的艺术家们很难再撼动瓦萨里选出的“文艺复兴三杰”的地位。

＊在《艺苑名人传》中，瓦萨里记述艺术家弗朗切斯科・弗朗西亚见到拉斐尔的画作后，认为自己永远也比不上他，因此郁郁而终。这个故事的真实性至今仍有争议。

五个世纪前的忽略

在瓦萨里厚厚的传记里，他只记录了一位女性艺术家——雕塑家佩普罗西亚·德·罗西。德·罗西出生于 15 世纪末的博洛尼亚 *，擅长在果核上雕刻精细的图案，甚至能刻出一幅《最后的晚餐》。她精湛的技艺让她赢得了为博洛尼亚圣白托略教堂创作雕塑的委托订单。她现在最著名的作品也是在这间教堂里创作的——《约瑟和波提乏的妻子》，源自《圣经·创世记》中的故事：波提乏的妻子想引诱约瑟，被他拒绝，在约瑟逃跑时她扯下了他的披风，这后来成了诬陷他的证据。这件雕刻作品有生动的细节，波提乏的妻子手臂上的肌肉和飘动的披风线条都经过了细腻的处理，将故事中关键的一刻用大理石定格了。

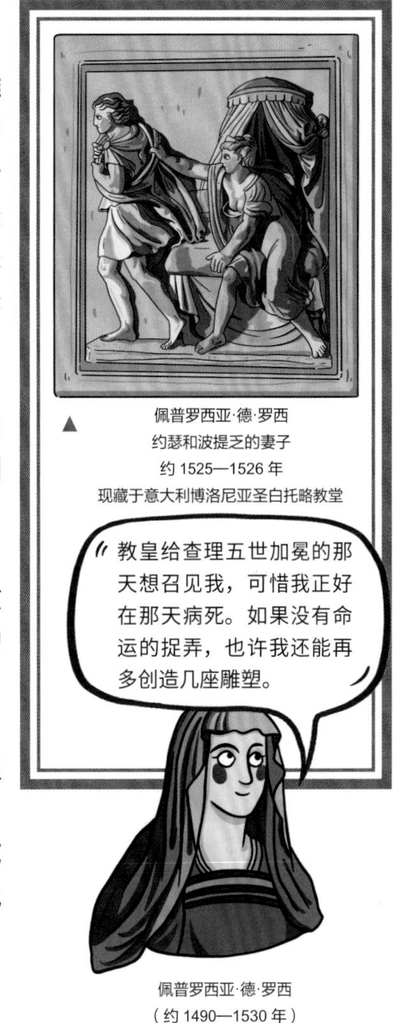

▲ 佩普罗西亚·德·罗西
约瑟和波提乏的妻子
约 1525—1526 年
现藏于意大利博洛尼亚圣白托略教堂

佩普罗西亚·德·罗西
（约 1490—1530 年）
文艺复兴时期雕塑家

这个故事似乎是一个不幸的隐喻。德·罗西成名后，有人散播谣言说她是一个不道德的女人，让她的事业受到了重大的打击，她最后在贫穷中死去。

即使瓦萨里再版《艺苑名人传》时又加入了三位女艺术家，但是和长长的一百多位男艺术家的名单比起来，仍然显得太少了。**瓦萨里对女性艺术家的忽略，或许是因为文艺复兴时期从事艺术的女性要比男性更少。无论如何，这个有意无意的忽略，也随着《艺苑名人传》成为艺术史经典，被保留了下来。**

把“伟大”的定义传给下一代

瓦萨里通过他的传记把艺术家从工匠推到了伟人的位置，他还希望未来的艺术家们都能拥有更高的社会地位。他说服当地统治者科西莫·美第奇赞助建立了欧洲第一所美术学院——佛罗伦萨美术学院，并聘请米开朗琪罗作为学院院长。学院为培养艺术家增加了新的教学内容：除了学习绘画技巧，还要学习历史和文学。在赞助人看来，能够用对历史和文学的理解创作作品的艺术家，比在作坊里只学习技艺的工匠要更高一等。从此，艺术家的地位逐渐超越了工匠。同时，瓦萨里对米开朗琪罗的推崇也通过教育系统传给了下一代艺术家。

就这样，“伟大”的标准通过美术学院和艺术史确定了下来。

* 意大利北部城市名。

因此，只要画了这种画，就是站在了金字塔尖

欧洲的美术学院（包括佛罗伦萨美术学院和法国绘画与雕塑学院）在历史的发展中逐渐划定了绘画的类型，并且把它们之间的等级确定了下来。在这套等级里，以历史画为尊——描绘古典、宗教、神话主题，展现理想中的神或者人类的形象，通常是传达教化意义；接下来的依次是肖像画、风俗画、风景画和静物画。

在这个评判系统里，能够准确地描绘人体、呈现理想中的如同神一般的人类身体，尤为重要。

* 甚至到 19 世纪末，大部分女艺术家都不被允许接触裸体模特，而绘画理想的人体又是历史画的必备要素。**因此，被人们记住和尊敬的女性历史画家少之又少。**

★2019 年，《干草堆》以 1.1 亿美元（约近 7.612 亿人民币）在苏富比成交。

★1987 年，《向日葵》以 3990 万美元在佳士得成交。

这个规则以后将会被先锋艺术家们不断打破！

虽然过去了很多年，但这个旧的规则仍然影响着我们对艺术史的记忆和理解。

如今大众所熟知的名画，在此分类下数量依级递减

历史画

《最后的晚餐》《维纳斯的诞生》

《创世记》《岩间圣母》

《美惠三女神》……《人间乐园》

肖像画

《阿诺菲尼的婚礼》《宫娥》《夜巡》

《蒙娜丽莎》《戴珍珠耳环的少女》

……

风俗画

《拾穗者》《玩纸牌者》《舞蹈课》

《倒牛奶的女佣人》

……

风景画

《睡莲》《星夜》

《圣维克多山》

……

静物画

《向日葵》

……

Sofonisba

索福尼斯巴·安圭索拉

Anguissola

获得史学家的认可
不是终点

文艺复兴时期王公贵族追捧的艺术家
米开朗琪罗也为她画作的原创性惊叹
当时的人们都以收藏她的自画像为荣
她的成功鼓舞了后世无数女性艺术家

她的脸
是文艺复兴时期的
顶级收藏品

瓦萨里写出《艺苑名人传》后，人们收藏艺术家肖像画的欲望变得极其强烈。在瓦萨里笔下，艺术家们不再只是工匠，他们成了新的圣人。

索福尼斯巴·安圭索拉生逢其时。她是文艺复兴时期第一位蜚声国际的女艺术家，她也创作了可能是当时行业内数量最多的自画像，从国王到公爵，都在家中收藏了她的面孔。

她的才华征服了许多对女艺术家怀有偏见的人，甚至包括诗人阿尼巴罗·卡莱，他曾经傲慢地说："绘画是属于绅士的职业。"面对安圭索拉时，他也变得谦卑了："在这个世界上我最想要的就是她的画像，这样我就可以展示两件奇迹：一个是她精湛的画技，另一个是造物主创造的美丽的脸。"（最后他还是没有得到安圭索拉的自画像。）

关键人物

索福尼斯巴·安圭索拉的父亲

人们想要一张什么样的面孔？

肖像画和肖像画是不一样的，安圭索拉总能让人明白这一点。

有些人可能会认为，在绘画肖像画时，艺术家只是把绘画对象的脸不假思索地照搬到画布上，而好的肖像画，也只不过是做到欺骗人的眼睛，让观众以为一个活人站在那里。

安圭索拉的肖像画更像是一本传记。艺术家舍弃了那些缺乏代表性的元素，比如短暂出现的斑痕、偶尔劳累造成的憔悴状态，从而整合出一个人恒久的印象，呈现关于性格和美德的暗示，巧妙地用装饰品展现出绘画对象的天赋和成就。她会在画布上重新创造她的绘画对象。

凭借出色的肖像画技巧，她就能够敲开世界上任何一个赞助人的大门，也能让所有的艺术爱好者都渴望拥有她的画像。

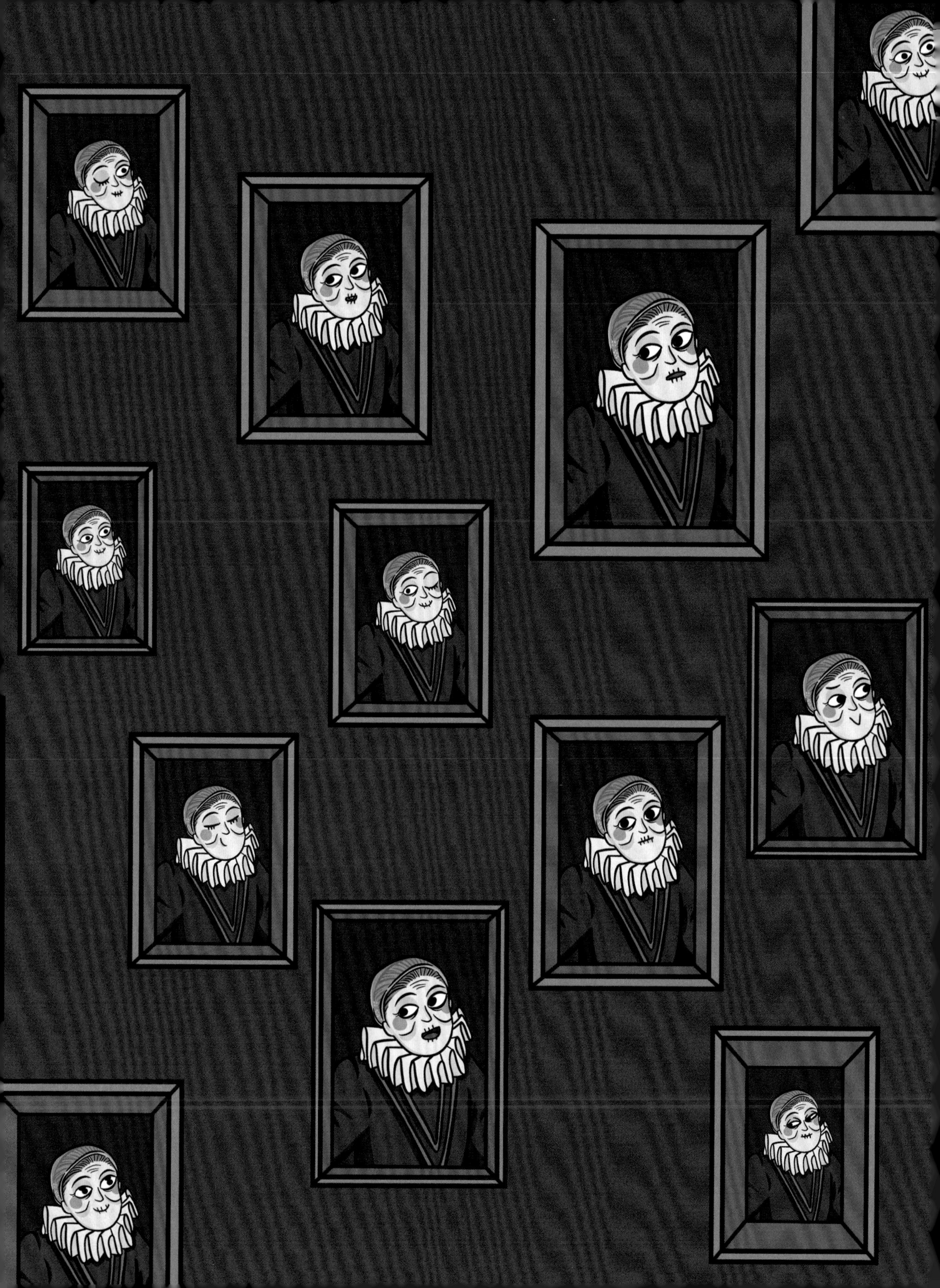

肖像画
也能做出伟大的突破？

用肖像画自荐

安圭索拉出生于意大利热那亚的一个贵族家庭，在一位革命性的父亲的培养下长大。父亲不仅让六个女儿都接受了拉丁文、音乐和绘画教育，还不顾周围人的目光，把安圭索拉和妹妹伊莲娜都送到画家伯纳蒂诺·坎皮的家里当了三年学徒，让她们从最好的老师那里学习绘画技术。

当然，她们的反叛是有限度的。文艺复兴时期，做一位女艺术家需要在“淑女”和“离经叛道的女人”之间小心翼翼地找到一个让自己能勉强立足的地方。对安圭索拉这样的贵族家庭，道德要求更高。安圭索拉选择了肖像画这个相对来说更“道德”的领域，因为这样她的绘画对象裸露的部分就只有脸，也就避免了可能受到的非议。安圭索拉的父亲还极力向世界宣告她的天赋，并不断给王公贵族写信，寄送她的自画像，宣传她的画技。

阿米尔卡尔·安圭索拉
索福尼斯巴·安圭索拉的父亲

很快，她就拥有了第一批忠实观众。

用肖像画克服偏见

瓦萨里在《艺苑名人传》里，常用与“栩栩如生”相关的词来形容艺术家的高超技巧。他说达·芬奇画的《蒙娜丽莎》“嘴唇看起来活生生的”，说拉斐尔的人物“甚至可以听到他们的呼吸”。他不但把安圭索拉的故事加入到第二版《艺苑名人传》中，还把从未给过女艺术家的评价给了安圭索拉的《棋局》，说画布上的女孩们“除了不会说话，和真人没有区别”。

索福尼斯巴·安圭索拉
棋局
1555 年
现藏于波兰波兹南国家博物馆

在《棋局》里，安圭索拉描绘了暗潮汹涌的对弈的一瞬间：右边的妹妹严肃地举起手，想引起姐姐的注意；中间的小妹妹看着她，忍不住笑了出来；旁边还有一位老妇人凑过来看，研究棋局到了哪一步；而左边的姐姐看着观众，手握棋子，看起来好像胜券在握。安圭索拉呈现了一幅充满流动感的群像，每一个人物的表情都生动可爱，让人感觉看到这幅画，就好像已经认识她们很久了。

姐姐手里拿着的棋子是王后。在安圭索拉描绘《棋局》时，国际象棋的规则刚经过一次重大改动：改动之后，王后成为棋盘上最强大的一子，可以向任何方向移动，格数不限。画出王后隐喻的安圭索拉，似乎已经准备好了征服更遥远的观众。

为国王服务一定是好事吗？

那些赞美的声音传到了皇室成员的耳朵里。1559 年，西班牙国王腓力二世邀请当时二十多岁的安圭索拉到宫里当侍女官，教他的妻子伊丽莎白女王绘画。安圭索拉没有得到“宫廷画家”的头衔，因为这个职位当时只是为男性保留的。

但是，这并不妨碍安圭索拉成为当时欧洲最成功的画家之一。随着皇室成员把安圭索拉画的肖像画作为礼物送到王公贵族的宅邸里，她的名字便响彻了欧洲大陆，她的肖像画也成了真正的硬通货。在七十多岁时，因为年迈无法参加西班牙国王加冕仪式的安圭索拉，把自己的一幅肖像画作为礼物——她的技艺比任何珠宝都要值钱。也因为如此，她一直衣食无忧，快乐地活到了九十多岁。

遗憾的是，安圭索拉的名字在这之后逐渐隐没于历史中。这或许是因为她的贵族出身让她不方便接受商业委托，所以她的画作更多地流传于上层阶级之间，而大部分作品最后都毁于 17 世纪西班牙皇宫的大火。又或许是因为在她去世后，她作品逐渐被归到了其他艺术家名下，作为女艺术家再次藏身于偏见之中，无可寻觅。

索福尼斯巴·安圭索拉
伊丽莎白·德·瓦卢瓦肖像
约 1561—1565 年
现藏于西班牙普拉多博物馆

谁才是作者？

安圭索拉在宫里画画时，可能使用了另一位宫廷画家阿隆索·科洛的作坊，科洛的助手们会为安圭索拉准备画布、调制颜料。也许是他们的合作过于密切，也可能是因为他们都把国王指定的画风完成得太好，至今人们还分不清许多西班牙皇室肖像画应该署谁的名字。英国国家肖像美术馆收藏的最大的腓力二世肖像画曾经被署上科洛的名字，直到 1915 年，馆长发现可能是安圭索拉的作品。一直被认为是安圭索拉创作的伊丽莎白女王肖像画，也有人怀疑出自科洛的手笔。安圭索拉的画作还曾经被署过达·芬奇、提香以及其他文艺复兴时期男性画家的名字，这些操作让人们更难追踪到安圭索拉的踪迹。

用肖像画引领后人

以肖像画闻名于世的安圭索拉，会怎么样绘画自己?

在自画像《伯纳蒂诺・坎皮绘画索福尼斯巴・安圭索拉》里，安圭索拉把自己变成了画架上的一幅画。画布上的她显得呆板而平面；她的老师站在画架旁，经过细腻的明暗对比处理，看起来如同真人。她表面上是创造了一个传统的画室场景：男画家绘画女模特、老师塑造学生——实际却是为了打破这个传统的结构。

安圭索拉用这幅画宣告她才是真正的创造者：她拥有强大的掌控力，可以游刃有余地呈现任何她想要的效果，表达画布和真人的微妙区别。瓦萨里用那些和男性艺术家平起平坐的词形容安圭索拉的技巧，可是她不愿意止步于此，不满足于“栩栩如生”，她想要突破更多。

女性可以是画布上的绘画对象，更可以是具有独创性的艺术家。安圭索拉把勇气留在了这幅画里，当未来的女艺术家突破自我、创造出动人的作品时，这幅画就是见证。

索福尼斯巴·安圭索拉
伯纳蒂诺·坎皮绘画索福尼斯巴·安圭索拉肖像
16 世纪 50 年代晚期
现藏于意大利锡耶纳国立美术馆

Lavinia Fontana

拉维尼亚·丰塔纳

为什么女性不能画女性的裸体？

艺术史上最早画女性裸体的女艺术家
西欧第一位职业女艺术家
她的肖像画总是能令赞助人满意

追随前人，超越前人

安圭索拉的肖像画迷住了一位小她三十岁的博洛尼亚画家——拉维尼亚·丰塔纳。丰塔纳知道自己将会和安圭索拉一样，打破陈规，改变世界。

就像一个战士一样，丰塔纳带着这个信念一直努力着，
直到她成为文艺复兴时期第一个开个人工作坊、获得商业成功的女艺术家；
直到她成为文艺复兴时期第一个画女性裸体的女艺术家；
直到她走过安圭索拉未曾踏足之地。

艺术先驱

索福尼斯巴·安圭索拉
（约 1532—1625 年）
画家

安圭索拉是欧洲少见的、父亲不是画家自己却成了伟大的艺术家的女性。她激励了后来许多有志于进入艺术领域的女性。

艺术训练

普罗斯佩罗·丰塔纳
（约 1500—约 1566 年）
父亲，画家

普罗斯佩罗是博洛尼亚当地有名的画家，不但把绘画技巧传授给了女儿，而且让她“继承”了自己的赞助人。作为回报，丰塔纳一直在财务上照顾他，直到父亲去世后才离开博洛尼亚，到罗马继续发展事业。

家庭支持

乔瓦尼·保罗·扎皮
（1548—？）
丈夫，画家

乔瓦尼曾是普罗斯佩罗工作坊里的学徒，和丰塔纳结婚后便全情投入于帮助妻子的事业。他担任她的经纪人和助手，同时照顾着他们的十一个孩子。

赞助人

加布里埃尔·帕莱奥蒂
（1522—1597 年）
博洛尼亚总教区主教

他委托丰塔纳创作了大量《圣经》故事画像，包括圣母升天、基督受难等祭坛画，让她声名远播，收到了欧洲各地的订单。宗教画作的成功，为丰塔纳后来的艺术突破做好了铺垫。

如何用肖像画表达野心

1577 年，拉维尼亚 · 丰塔纳订婚时，给她未来的公公送了一份特别的礼物：一幅自画像，这也是一份宣言。

她模仿并致敬了自己的偶像安圭索拉。安圭索拉曾经在一幅自画像里，描绘自己弹琴的样子，只通过绝妙的描摹人脸的技巧，隐晦地表达自己同时拥有音乐和绘画的才能。而丰塔纳的自画像更直接大胆：她穿着华丽的衣裳，同样正在弹琴，却有意让我们看到了房间里的另一件物品——画架。

安圭索拉碍于和皇室的关系，无法接受商业委托。丰塔纳则不同，她用这幅自画像自豪地宣布：绘画是她的天赋，也会成为她财富的来源；职业艺术家是她一个重要的身份，她的事业不会因为婚姻而中断。

丰塔纳的野心不止是超越安圭索拉，她还希望和自己的偶像连系在一起。她曾经把自己的自画像寄给收藏了安圭索拉画像的西班牙学者阿方索 · 查孔，并在信中谦虚地写道，自己的画像只会衬托得安圭索拉的画更德才兼备、价值连城（暗示他应该把她俩的画像挂在一起）。她帮助学者建立了这种并置关系，从那时起，这对未曾谋面的偶像与仰慕者就在艺术史的叙述中彼此关联，直到现在仍然如此。

索福尼斯巴·安圭索拉 小键琴前的自画像 1561 年
现藏于英国奥尔索普庄园

拉维尼亚·丰塔纳　和仆人在小键琴前的自画像　1577 年　现藏于意大利圣路加学院

她见证了一座城市最世俗的部分

丰塔纳身边的男人都支持她的理想*。丰塔纳的画家父亲有意把她培养成家族事业的继承人，从她十多岁起就让她协助完成委托作品；丰塔纳的丈夫又是她最忠心耿耿的助手，不但帮助她联络客户、签订合同，还照顾着他们的十一个孩子。

丰塔纳让文艺复兴时期的人们看到，如果获得适当的支持，一位女性将会拥有多大的成就：她成了欧洲艺术史上第一位职业女艺术家，很多贵族赞助人为了获得委托她画像的机会而彼此竞争。

博洛尼亚本地官员的妻子、贵族小姐和手握遗产的寡妇们尤其喜爱丰塔纳的肖像画。丰塔纳能够描绘可爱的婴儿、羞涩的新娘和庄重的寡妇，为新生儿送去祝福，展示新娘丰厚的嫁妆，也让掌握家庭大权的女人展示她们的另一种财富——优秀的孩子们。有时候，丰塔纳还会画死去的家庭成员和活人在一起的肖像，创造一个虚幻的美妙世界。她在商业委托里见证了一座城市最世俗的部分，在画中保存了人们生老病死过程中的欲望。

拉维尼亚·丰塔纳　贵妇　约 1580 年
现藏于美国华盛顿国家女性艺术博物馆

让丰塔纳从当时的肖像画家中脱颖而出的一个重要原因是她能细腻地描绘最柔软的丝绸和最坚硬的珠宝的不同质感，她不仅为贵族们画像，更为他们的财富画像，让他们显得格外雍容华贵。据说，当时想求丰塔纳画像的绅士和淑女太多，她的作坊门口总是挤满了人。还有一段时间，城中的贵妇们为了得到被丰塔纳画像的机会，都想办法制造和她见面的机会，和她成为朋友，争着做她孩子的教母，以至于在路上撞见她，都能被人当作件幸运的事。

* 这种“支持”以合同的形式确定了下来。1577 年，丰塔纳和丈夫在签订结婚合同时约定：丈夫必须搬到博洛尼亚，和丰塔纳住在一起（当时，一般是新娘搬到丈夫所在的城市），而他们夫妻绘画所得的收入必须有一部分交给丰塔纳的父亲。

丰塔纳一生留下了一百多件签名的作品，是同时代女艺术家中最多的。其中，有一件文艺复兴时期最诡异、也最令人过目难忘的肖像画。

《安东妮塔·冈萨雷斯》描绘了一个非同寻常的女孩，脸部被浓密的毛发覆盖，仍然甜蜜地微笑着。女孩的父亲佩德罗·冈萨雷斯来自西班牙的加纳利群岛，因为患有“狼人综合征”，脸上长满了毛，小时候就被当作神秘的野兽运到了巴黎，在欧洲各个王室之间巡回展览，再也没有回过故乡。他和美第奇家族的一位女仆结了婚，生下的孩子中也有人遗传了多毛的特征。即使已经结婚生子，他还是被当作野兽对待——在 16 世纪晚期出版的一本专门记载动物的书里，出现了他和妻子的画像。

拉维尼亚·丰塔纳
安东妮塔·冈萨雷斯肖像
约 1595 年
现藏于法国布卢瓦城堡博物馆

丰塔纳不是唯一一个给冈萨雷斯的孩子们画像的人。在有些保存下来的肖像画里，孩子们如同关在画框里的动物，被描绘成头大身小、比例不协调的模样，强调他们令人惊奇的面孔，供好奇的人观看，也给科学家提供研究资料。而丰塔纳把安东妮塔·冈萨雷斯画成了一个温柔的女孩，忠实地记录了她柔软而深浅不一的毛发，就像认真对待她的五官一样，让她看起来恬静、沉稳，脸上似乎暗藏着一些不属于这个年纪的忧郁。

安东妮塔手里握着一张纸，上面讲述她的父亲是在哪里被发现的，现在你又可以在哪个宫廷找到她（“发现”“找到”是动物学图鉴中常出现的字眼）。丰塔纳没有回避人们观看安东妮塔的方式，而是用温柔的笔触，将某种残忍强调了出来。

当女性开始画女性的裸体

丰塔纳的艺术事业势如破竹，只差一个禁区还没有攻破——**绘画裸体**。

她尝试过一次。丰塔纳申请成为博洛尼亚美术学院的学生，却被拒绝了，因为学院学习的内容包括绘画裸体模特。丰塔纳的父亲去世后，她搬到了罗马，来到了另一群仰慕她的艺术赞助人中间，受到了博尔盖塞家族的庇护。博尔盖塞家族中最显赫的人就是罗马教皇保禄五世，他也是丰塔纳最小的儿子的教父。在罗马，丰塔纳开始绘画古罗马神话中的人物，包括维纳斯和密涅瓦，甚至还有男神玛尔斯（都是裸体形象）。

《密涅瓦穿衣》是丰塔纳这个时期最著名的一幅画。画中，战争和智慧女神密涅瓦赤身裸体，她的盾牌、头盔和长矛都被放在一边，象征她智慧的猫头鹰静待在阳台上。她拿起一件精致的衣裙，正准备穿上，这时暂时没有战斗了。谁是那位陪丰塔纳一起打破陈规的模特？可能是丰塔纳自己。据说，丰塔纳对着镜子摆出了不同的女神的姿态，再把她们画下来。那些大胆的、勇武的女性形象，动摇了艺术世界中的禁锢。

这也是丰塔纳在去世前可追溯的最后一件委托作品。

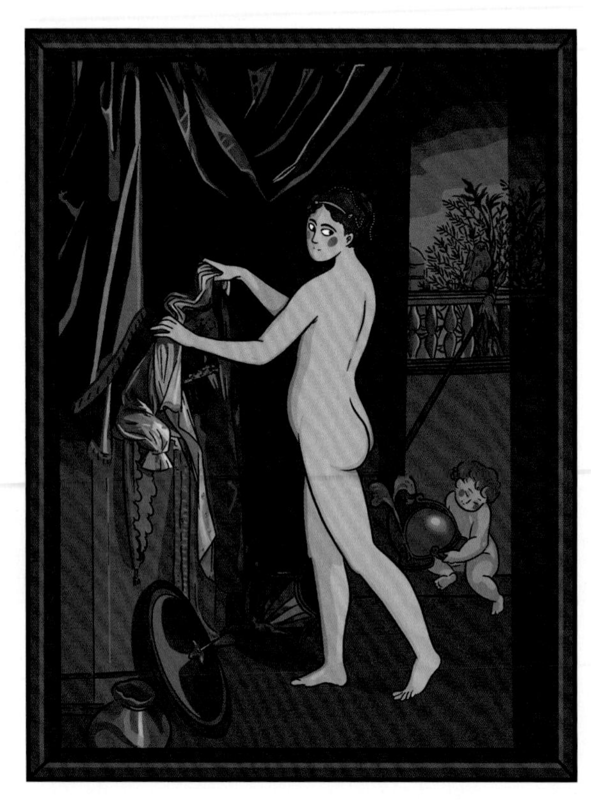

拉维尼亚·丰塔纳　密涅瓦穿衣　1613 年　现藏于意大利博尔盖塞美术馆

令历史学家感到无聊的人

1907 年，学者劳拉·拉格在《博洛尼亚的女艺术家》里回顾了丰塔纳的一生，说她享受了“平凡普通的幸福”。从传记的角度来说，丰塔纳的生活看起来可能缺乏一些立传所需要的“戏剧性”：她结婚、生子，一辈子也没有为委托订单发愁过，即使她一个接一个地打破女艺术家的创作禁忌，她的事业也没有为此受到影响。

菲利斯·安东尼奥·卡索尼制作
拉维尼亚·丰塔纳的金属纪念币
现藏于英国大英博物馆

这种“人生情节”上的平淡也许是丰塔纳审慎规划的结果。拉格记述道，当丰塔纳的作坊已经成功到让许多地位更高贵的男子都主动追求她时，她还是选择了一位绘画天赋平庸，却愿意全力支持她事业的丈夫。

对丰塔纳来说，能持续不断地画下去，是最重要的。

在丰塔纳去世之前，还有人为她制作了纪念币，把她和神明相比。纪念币的正面是丰塔纳的半身像，背面则是神话中的绘画女神，正在聚精会神地画画，浓密的长发根根竖立。没有任何人，或是任何社会限制，能够阻挡她画出生活中的真相。

纪念币的这一面镌刻着文字：“保持在狂喜的状态中，我持续绘画。”

Artemisia 阿特米西亚·真蒂莱斯基 Gentileschi

女英雄的代言人

巴洛克* 风格代表画家
佛罗伦萨美术学院第一位女性成员

以独特的戏剧性画面
描绘神话中的女英雄

大部分的画作展现了
和男人平等的女性角色

* 巴洛克，可能来自意大利语中形容异形珍珠的词，用来指代一种极富戏剧性和情感冲击的风格。

他们见证英雄的崛起

蛰伏的英雄

青春期的真蒂莱斯基深居简出，不是在照顾家人，就是在学习绘画。

奥拉齐奥·真蒂莱斯基
（1563—1639 年）画家
父亲

父亲让家中的孩子们都学习画画，而真蒂莱斯基是其中唯一一个显示出了非凡天赋的人。

蒙托内的普鲁登西亚
（1575—1605 年）
母亲

母亲在真蒂莱斯基 12 岁时去世，从此，照顾家中三个弟弟的任务就落在了真蒂莱斯基身上。

英雄和骑士一起逃离塔楼

真蒂莱斯基在婚后获得了更多的自由，不但可以外出旅行，还建立了自己的工作坊，成了主要的养家之人。

皮耶兰托尼奥·斯蒂亚特西
（1584—？）画家，丈夫

他们在 1623 年以后分居，从此，斯蒂亚特西消失在了历史记载中。

普鲁登西亚·真蒂莱斯基
（1617—？）画家，女儿

真蒂莱斯基给女儿取了和母亲一样的名字，并把她培养成了一名画家，可惜她的画作没有流传下来。

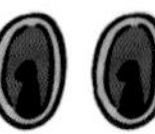

天折的孩子们

乔万尼、安格诺拉、克里斯托法诺、莉莎贝拉。

在一个女人的灵魂里，你会发现恺撒的精神！ *

征服欧洲的赞助人

真蒂莱斯基建立起了自己的事业后，赞助人遍布欧洲，甚至连当时的英国国王都邀请她去伦敦作画。

科西莫二世·德·美第奇
（1590—1621 年）

查理一世
（1600—1649 年）

玛丽王后
（1609—1669 年）

英雄的伙伴

真蒂莱斯基会结交一座城市中的文学家、学术精英，通过他们的关系认识潜在的赞助人。同时，他们还会撰写优美的诗篇和文章，宣传真蒂莱斯基的画技和美貌。

伽利略·伽利雷
（1564—1642 年）天文学家，好友

伽利略是真蒂莱斯基在佛罗伦萨认识的好朋友，也是科西莫二世小时候的老师。至少到真蒂莱斯基四十多岁时，他们仍然保持通信。

吉罗拉莫·丰塔内拉
（1605—1644 年）诗人

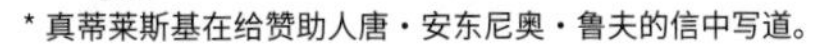

* 真蒂莱斯基在给赞助人唐·安东尼奥·鲁夫的信中写道。

“真蒂莱斯基牌”女英雄

真蒂莱斯基擅长描绘巨大的、雄伟的、如同纪念碑一般的女人。

她们或是为了保护家乡的人民，潜入营帐击杀敌方将军的女人；或是为了替无辜的民众请愿，未经国王宣召就闯入宫殿的女人；或是为了坚守自己相信的事，即使在绝望之中，也拒绝了诱惑的女人……她们来自宗教故事、神话传说和历史逸闻，一代代的诗人和艺术家们不厌其烦地描绘了她们倾国倾城的容貌，而真蒂莱斯基却让她们真正拥有了巨大的、充满力量感的躯体，流露出了一种饱胀的美。

真蒂莱斯基会偷走你的想象。在观看过她的绘画以后，你很容易就会认为那才是女英雄们的真实样貌，几乎再想不到更合适的形象。即使在堆满杰作的博物馆中，真蒂莱斯基描绘的女人也是最独特的那一群，一眼就能辨认出来。

同时，真蒂莱斯基还呈现了女英雄们更复杂的一面——有时脆弱，有时恐惧，有时沉浸于强烈的激情之中，却毫不削弱她们的力量。真蒂莱斯基的女英雄们可以拥有很多种样子，唯独不是一个仅具有观赏价值的美人。

总是被人议论的真蒂莱斯基

真蒂莱斯基总是被人议论，无论是在生前还是死后。人们热切地关注她的生活和她的作品，这也许是因为她身上有太多打破常规之处，总能让人发现新的惊奇。

关于她选择的题材

有美德的女艺术家应该画肖像画和静物画呀，真蒂莱斯基竟然敢画裸体！可能还是用自己做模特的，太可怕了！

可是，我觉得她好美，又画得好好看！

关于她的早年生活

我听说，真蒂莱斯基总是在家里的窗前往外东张西望，年纪轻轻就不安分了！

未婚女孩不能出门旅游，我觉得她应该是很想去外面看看大师的画作吧！

关于她的风格

我觉得，她的巴洛克画作基本都是对卡拉瓦乔的模仿。她自己都在传记里说过，爸爸教她画画时，会让她学习卡拉瓦乔的版画呢。

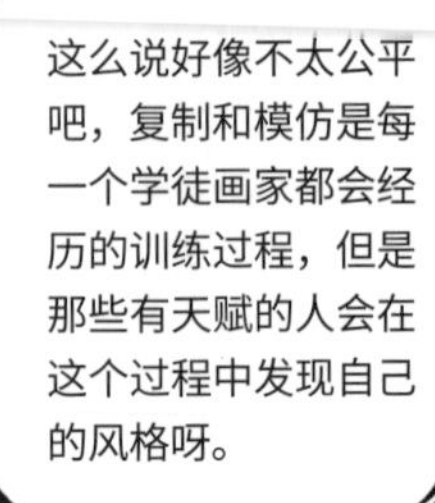

关于她的个人经历

更多的谈论仍在继续

真蒂莱斯基一定一生都活在这件事的阴影里，你看她画的那些刚烈的女英雄，简直就像她的化身！

难道评价真蒂莱斯基的作品一定只能从这个角度出发吗？

我觉得，她的人生经历让她懂得了怎么表现残酷的真实！

用一个事件来定义一个人的一生，就像假装她后来的经历和艺术突破都不存在了一样！

1611年5月，画家阿戈斯蒂诺·塔西强暴了真蒂莱斯基。在罗马当时的法律规定中，如果双方最后结婚，这一行为就不属于强暴。父亲得知此事后，对塔西发起了诉讼，希望他和真蒂莱斯基结婚并支付嫁妆，却发现塔西早已有一个妻子。在庭审中，有证人质疑真蒂莱斯基的贞洁，宣称她可能有好几个情人，真蒂莱斯基为自己辩护，愿意通过接受折磨来证明自己说的是真的。塔西最后被判流放，离开了罗马，父亲则在判决第二天安排真蒂莱斯基和画家斯蒂亚特西举行婚礼，两人一起去了佛罗伦萨。

那么，
哪里才能认识真正的真蒂莱斯基？
——在她的画作里。

在真蒂莱斯基生活的时代，赞助人对艺术的掌控力依然强劲。他们会委托不同艺术家创作同样的宗教和神话题材，因此当真蒂莱斯基接受委托时，已经有许多大师就这些题材创作出了优美的范例。而真蒂莱斯基独辟蹊径，在画面中去除了一切矫饰，只留下最具有说服力的不朽时刻。

一个更真实的女英雄应该是什么样子？

朱迪斯的故事是佛罗伦萨的赞助人尤其喜欢的一个。传说，她的家乡伯图里亚被将军荷洛芬尼斯率领的亚述军队威胁，她就穿戴上自己最华丽的衣服和珠宝，和女仆一起到荷洛芬尼斯的营帐中，假意要提供他不战而胜的方法，骗取了他的信任后，趁他酒醉时斩下他的头颅，带回了家乡。

无数艺术家曾经涉足这个主题，创造无数版本的朱迪斯。有些人会尽量避开那个致命的时刻，描绘斩杀敌人之后谨慎逃离的朱迪斯；或是像战利品一样炫耀敌人头颅的朱迪斯；卡拉瓦乔是其中少数描绘鲜血喷溅的一刻的艺术家，他用强烈的明暗对比强调了朱迪斯的轻蔑、荷洛芬尼斯的挣扎。

奥拉齐奥·真蒂莱斯基　朱迪斯与她的女仆　约 1608—1612 年
现藏于挪威国家艺术、建筑与设计博物馆

鲁本斯　朱迪斯与荷洛芬尼斯　1626—1634 年
现藏于意大利乌菲齐美术馆

米开朗琪罗　朱迪斯与荷洛芬尼斯　1512 年
现藏于梵蒂冈西斯廷教堂礼拜堂

卡拉瓦乔　朱迪斯砍下荷洛芬尼斯的头　1599 年
现藏于意大利罗马巴贝里尼宫

波提切利　朱迪斯返回波图里亚　约 1470—1475 年
现藏于意大利乌菲齐美术馆

这些就是全部的可能性吗？

她的画让英雄成为英雄

真蒂莱斯基在佛罗伦萨创作的《朱迪斯砍下荷洛芬尼斯的头》乍看是最血腥的版本：荷洛芬尼斯颈部血花四溅，在光影对比的衬托下，一切更显得奇诡无比。

不过，艺术并不是呈现极端画面的比赛，否则下一个画出更血腥场面的艺术家就能轻松盖过上一个了。

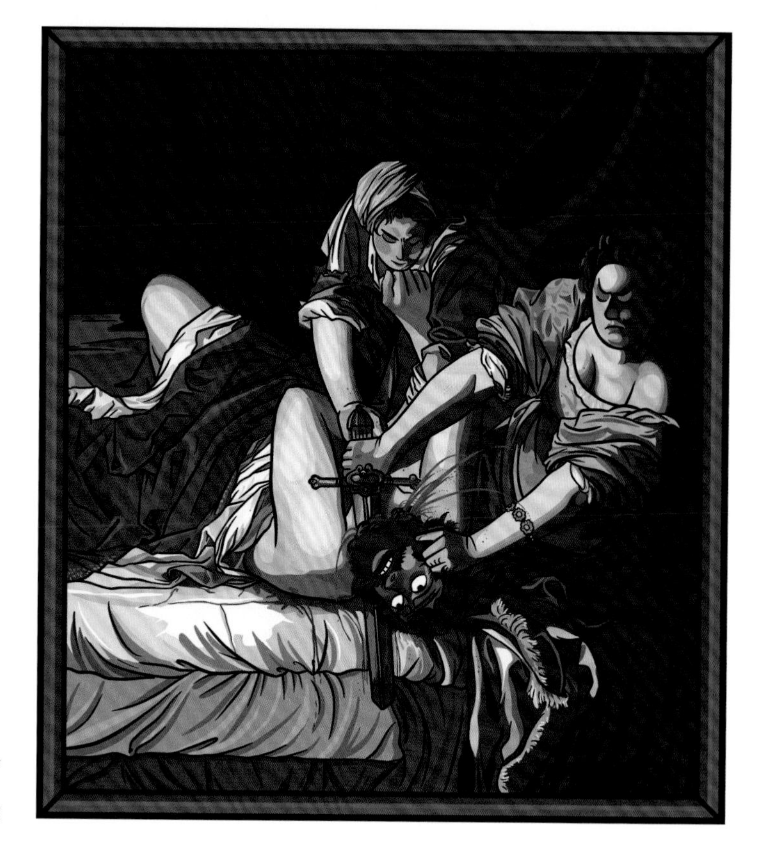

阿特米西亚·真蒂莱斯基
朱迪斯砍下荷洛芬尼斯的头
约 17 世纪 20 年代
现藏于意大利乌菲齐美术馆

让作品变得无法超越的是画面传达的勇气和决绝。许多艺术家忙于用更精细的笔触描绘朱迪斯的美貌和身体，即使这并不是她制胜的关键。在真蒂莱斯基的画作里，美貌是最不重要的一个元素。朱迪斯用尽全身的力气刺出致命一击，她的面孔也因为专注而扭曲；她的女仆在旁用力按住酒醉的荷洛芬尼斯，在别的画作里，她通常是一个老妇人，用以衬托朱迪斯的美丽，在这里，她是一个同样重要的英雄，和朱迪斯一起，为了守护自己的家乡，甘愿深入险境。这是一幅为勇敢者创造的史诗。

这幅画呈现了极其珍贵的“真实感”——真实的充满力量的女英雄、真实的而非陪衬角色的同伴、真实的暴力现场。也许有观众不喜欢它，但是，却无法否认它具有一种压倒性的、持久的说服力，以至于在 18 世纪末，作家马可·拉斯特里见到它时还是会受到惊吓，建议人们把它扔到皇家画廊某个黑暗的角落里去。

她还画寂静的英雄

女英雄不止可以是暴烈的，还可以是寂静的。

《朱迪斯砍下荷洛芬尼斯的头》是真蒂莱斯基被讨论得最多的作品，许多人相信，这个在她遭遇性侵犯并离开罗马后创作出来的暴烈女英雄一定有某种自传性色彩。然而，同样是真蒂莱斯基笔下的女英雄，和这幅画创作时间相隔不远的《雅亿与西西拉》却被不少人冷落了。一个可能的原因是画面看起来太安静、太沉稳，如果人们想要把一种复仇情绪和真蒂莱斯基的所有作品联系起来，《雅亿与西西拉》的出现会推翻这个结论。

传说，雅亿收留了作恶多端的军长西西拉，并给他提供食物和牛奶。雅亿趁他熟睡时，将一个橛子锤进了他的脑袋，完成了神的旨意。很多艺术家在描绘这一主题时，尝试在里面加入更多的戏剧性，让雅亿的姿势更夸张，或者强调西西拉的挣扎，看起来显得吵闹。

朱塞佩·韦米格里奥
雅亿与西西拉（局部）
约 1621 年

西蒙·沃特
雅亿与西西拉（局部）
约 1615 年

雅各布·阿米格尼
雅亿与西西拉（局部）
约 1739 年

阿特米西亚·真蒂莱斯基 雅亿与西西拉 1620 年 现藏于匈牙利布达佩斯国立美术馆

而真蒂莱斯基选择简化处理这个故事，让整个场景安静下来，一切立刻充满了命中注定感，不是出于一时冲动，而是基于不可逃脱的正义审判——在神的注视下，女英雄悄悄地、专心地结束了西西拉的性命。

在真蒂莱斯基的画作里，总有无与伦比的真实性、临场感以及对经典故事的真诚理解。也许正因为如此，她的名气开始传到欧洲各地。

真蒂莱斯基的成绩单

- 成为佛罗伦萨美术学院 50 年来第一位女性成员（下一位女性成员还要再等几十年）。
- 拥有来自世界各地的赞助人，包括佛罗伦萨的美第奇家族、西班牙国王腓力四世、枢机主教安东尼奥·巴贝里尼、英国国王查理一世……
- 25 岁时作家克里斯托法诺·布龙奇尼把她的人生故事收录进女名人传记中。
- 32 岁时就有了自己的纪念币。

她是独辟蹊径的英雄

真蒂莱斯基选择了一条少有人走的职业道路：不专门为某个宫廷服务，获得稳定的收入，而是游历意大利的几座城市，不断推销自己的画作，在不同的赞助人之间建立口碑。在罗马，有人铸造纪念她的铜币；在那不勒斯，到处流传着歌颂她的诗句；在伦敦，国王和王后翘首期盼，等待她为皇室创造不朽的作品。她取得了许多意义上的成功。

成功的秘密
——英雄的背后要跟着吟游诗人

真蒂莱斯基的一个自我宣传策略是先和当地的诗人、学者、画家结交，通过他们让更多赞助人认识她。她的朋友们留下了大量赞美她的诗歌、文章和肖像画，还有人将她的手和黎明女神欧若拉的手相比，欧若拉的手给日出时刻涂上了迷人的色彩，而真蒂莱斯基的手创造出来的颜色要比神调制出来的更绝妙。

绘画艺术中的奇迹，
只可被妒忌，
不可被模仿。
——杰罗姆·大卫

欧若拉的手因为罕有的美丽得到赞美，
阿特米西亚的手却比她的再珍贵千倍，
因为它知道如何创造那视觉上的奇迹，
让最审慎的眼睛都意乱情迷。
——皮埃尔·杜蒙斯捷二世

当你熟练地绘画时，
你让死物看起来充满活力；
当你甜美地凝望时，
你让活人愿意为之死去。
——吉罗拉莫·丰塔内拉

皮埃尔·杜蒙斯捷二世　阿特米西亚·真蒂莱斯基握着画笔的右手　1625 年
现藏于英国大英博物馆

荣光之外

即使真蒂莱斯基已经是一位功成名就的女艺术家，在她的职业生涯中也常常因为性别而影响收入。她曾在给赞助人唐·安东尼奥·鲁夫的信中抱怨，有一次一个赞助人收到她创作的草图后，就找了另一个报价更低的画家照着她的画。她自嘲说，她知道很多人一看到女人的名字就会开始怀疑作品的质量，认为报价不合理。但是只要看过她完成的画，没有人会说她要价太高。

创造一个“女英雄宇宙”其实里面全是我

真蒂莱斯基还有意识地创作了一系列神明和英雄的画像，给她们都画上自己的脸；换一个方式说，她更喜欢画自己乔装改扮的自画像。有人说，这是真蒂莱斯基又一个绝妙的自我宣传手段，不但能让赞助人看到自己诠释各种神话题材的美妙技巧，也能展示自己迷人的脸。还有人觉得，对真蒂莱斯基来说，比起花钱雇佣模特，用自己会更省钱。实际上，在这些实用主义的考量之外，真蒂莱斯基可能还有更大的野心。

阿特米西亚·真蒂莱斯基
作为寓言中的绘画女神的自画像
1638—1639 年
现藏于英国汉普顿宫

真蒂莱斯基模糊了历史画与自画像之间的界限，创造了一个充满不确定性的世界，在这个世界里，所有的女英雄都可能有一部分是她。她画了一幅寓言中的绘画女神（之前，你在丰塔纳的纪念币背面见过的那一个），长相和她有许多相似之处，在画布面前如同着魔一般运笔。真蒂莱斯基在这幅画里展示了自己精确描绘人的动态的能力，还告诉了所有人：在挥动画笔时，她就是神本身。

可能没有人比她更明白，闯入历史画的领域，与艺术殿堂最顶级的大师们比拼，需要多大的勇气和天赋，要学会在流言中生存，要忍受比行业其他艺术家更低的报酬，仅仅因为她的性别。但是如同绘画女神一样，她从未退缩。

**她要把自己的形象留在这个世界里，
让未来所有人提到不朽的神明和她们的模样的时候，
都无法绕过她阿特米西亚·真蒂莱斯基。**

第二章

荷兰、法国、瑞士与英国 17—18 世纪

这阶段的艺术很难归类，或许是因为艺术家不再被视为工匠。

女艺术家创作的目的变得更多元化。在为赞助人和神创作之外，她们还可以选择为了商业报酬而创作，为了描绘这个世界上壮美的现象而创作，为了呈现自己对神话与现实的理解而创作。在这两百年里，“我”变得无比重要。

艺术可以当街摆摊售卖吗？
——荷兰的公开艺术市场

人人都是赞助人

如果在 17 世纪走进任何一个荷兰城市居民的房子，你都可能发现在墙上至少有一幅画。商业繁荣为荷兰带来了一个新的改变——艺术赞助不再是上层阶级的特权。无论是商人、面包师还是屠夫，都希望拥有属于自己的画作，装饰他们的日常生活；艺术家也积极响应他们的需求，创造了大量画作。17 世纪中期，荷兰一度有七百多位职业艺术家，在文艺复兴时期的意大利，职业艺术家的数量可能还不及荷兰当时的一半。热爱艺术的人们一起创造了荷兰艺术的“黄金时代”。

新的赞助人喜欢什么？

荷兰人的兴趣从宗教领域转向了世俗层面。他们大量购买风俗画、风景画和静物画，也就是购买一种理想化的日常生活：宁静的房屋一角，主人专注于梳洗或写信；在欢乐的宴会上，居民们奏乐起舞；城市建设井井有条，乡村风景优美恬静；餐桌上，永远有不凋谢的花朵和吃不完的珍馐。

朱迪斯·莱斯特
快乐的伙伴　1630 年
现藏于法国卢浮宫

雷切尔·勒伊斯
架上的一束花和一只优红蛱蝶　约 1700 年
私人收藏

约翰内斯·维米尔
倒牛奶的女佣人　约 1657—1660 年
现藏于荷兰阿姆斯特丹国立美术馆

在哪里购买艺术？

你可能还记得文艺复兴时期的创作模式——赞助人通过行会或者别的方式找到艺术家，委托他们创作自己想要的题材。在荷兰，这样的限制逐渐被打破了。赞助人可以直接到艺术家的工作室挑选已经完成的画作，还可以在集市、拍卖会上获得画作，甚至连抽奖奖品也可能是一幅画作。

早期荷兰拍卖

出现在拍卖会上的艺术品由拍卖官喊出最高价，然后逐渐降低，直到满足你的心理价位，你喊一声“我的”，付钱之后便可以获得那幅画。

一个全新的商业世界

在这个热闹的公开市场里，**专业的艺术经销商**出现了。

他们是赞助人和艺术家之间的中介——帮艺术家找到愿意购买他们画作的买家，也帮助赞助人找到符合他们需求的画作。

你可以想象，在这样的背景下，一幅画最重要的属性是“商品”，而不是艺术家精湛的技艺，也不是艺术家对这个世界的忠实描绘。许多艺术家为了获得更好的收益，通常专注于某个受欢迎的题材，或者根据经销商的要求迎合市场作画。经销商也可能为了更好的收益，不惜涂改画作上的签名，假装自己拥有某个市场上更受欢迎的艺术家的作品。

有时候，他们把博物馆也骗过了。

Judith Leyster

朱迪斯·莱斯特

艺术界也会以讹传讹吗？

——她在画布下藏身两个世纪

在世时被称为“艺术界的北极星”
笔下都是充满感染力的快乐的荷兰人
死后从历史中消失

直到 1893 年
卢浮宫在其画作下发现真正的签名

艺术经销商的大错误——让她隐匿于画布后

1893 年，卢浮宫在检查荷兰画家弗兰斯·哈尔斯的一幅著名画作《快乐的伙伴》时，发现画上的**签名竟然是伪造的**。这成了艺术界的一个爆炸性消息，因为在这之前的两个世纪中，**人们一直认为它是哈尔斯的作品**。

当时，哈尔斯在艺术市场上风头正盛。他的画里充满鲜艳的色彩和活泼的人物，仿佛下一秒就开始跳起舞来，《快乐的伙伴》生动地描绘了荷兰人饮酒作乐的场景，曾经被称为哈尔斯最好的作品之一。许多著名画家，包括凡·高都表达过对这位两个世纪前的荷兰艺术家的喜爱。

▲ 朱迪斯·莱斯特
快乐的伙伴 1630 年
现藏于法国卢浮宫

▲ 朱迪斯·莱斯特
（1609—1660 年）
取自其自画像

· 签名放大 ·

这个签名的发现，
让人们不禁怀疑，是不是在某些情况下爱错了人。

在《快乐的伙伴》假签名之下，露出了一个当时谁也不认识的奇怪符号：字母“J”和“L”并列在一起，一颗星星从它们中间穿过。

是谁写下了这个神秘的“JL”？竟然能画出荷兰艺术大师的最佳水准，还“骗”过了两个世纪以来的收藏家？

相关人物

弗兰斯·哈尔斯
（1582—1666 年）
荷兰画家
以绘画生动的群像而闻名，生前常陷入财务危机，最后甚至需要靠救济金过活。死后被遗忘，直到 19 世纪下半叶，当时艺术家和评论家对他燃起了新的兴趣，让他的画作价格水涨船高。

科内利斯·霍夫斯泰德·德·赫罗特
（1863—1930 年）
荷兰艺术史学家
1893 年，他在《快乐的伙伴》中认出了朱迪斯·莱斯特的签名，并发表论文将另外七幅原本署名其他人的画作归于莱斯特名下，才让这位蛰伏已久的女艺术家重见天日。

朱迪斯·莱斯特
一个男孩、一个女孩、一只猫和一条鳗鱼
约 1635 年　现藏于英国国家美术馆

朱迪斯·莱斯特
双陆棋游戏 约 1631 年
现藏于美国伍斯特艺术博物馆

创造一个永恒的快乐王国

朱迪斯·莱斯特的父亲经营啤酒生意，也许她就是在纵酒狂欢、高歌奏曲的荷兰人中间长大的，所以当她描绘沉浸在欢乐气氛中的人和动物时，也格外具有感染力。莱斯特的画就像是一个永恒的快乐王国，里面的人们总是在唱歌、弹琴、跳舞、饮酒、谈笑，一切似乎都在流动中，是正在进行时。而你则像是一个突然闯入的人，他们看着你，并不觉得受到了打扰，而是早已准备好接纳你进入这个快乐王国。

朱迪斯·莱斯特 两个小孩和一只猫 约 1630 年 私人收藏

这种体裁叫作“风俗画”。在当时的荷兰，人们享受着商业繁荣带来的巨大财富，也愿意为那些能让他们炫耀的艺术一掷千金。虽然意大利学院里的老学究们坚定地认为历史画才是最高贵的体裁，但是荷兰人才不管呢，他们要展示自己和同伴们在日常生活中享受到的快乐。莱斯特的风俗画可能是受这些新兴赞助人欢迎的一种——谁不希望把永恒的快乐挂在自己的客厅里呢？

莱斯特取得了巨大的商业成功，在阿姆斯特丹，她甚至只需要承诺为出售房子的房东画一些画，就能抵掉一部分买房子的钱。毕竟，在人们眼中，她呈现的快活场景比一套房子更值钱。

永不黯淡的北极星

17 世纪 20 年代的某一天，年轻的荷兰画家朱迪斯・莱斯特给自己设计了一个特别的签名。“莱斯特”在荷兰语里有北极星的意思，她用一颗星星串联她的姓名首字母，作为自己的标记，藏在画面某处，有时在笛孔边，有时在酒杯上，就像她和观众玩的一个游戏，认识她的人会找到的线索。同时代的许多人都能接收到她的暗示，连当时的艺术史学家也在书里直接叫她“艺术世界的领航星”。

他们都相信，北极星是绝对不会黯淡的。

莱斯特在二十多岁的时候，就成了荷兰哈勒姆圣卢克行会认证的大师，也是第一个得到这个认可的荷兰女艺术家。

在莱斯特的自画像里，你可以看到年少成名带给她的那份奇妙的、充满感染力的神采。莱斯特倚在椅子上，张嘴笑着，几乎要说“欢迎你来到我的画室”，画架上是一幅尚未完成的风俗画，一个男小提琴手正在演奏。她穿着不适合绘画的华贵服装，一方面暗示自己作为画家拥有的成功地位，另一方面提醒观众她能够为赞助人创作华丽的肖像。在这幅自画像里，她不但自信地展示了自己的风度，还展示了自己绘画不同性别、不同阶层和不同体裁的能力，打了一个响亮的广告。谁也不会怀疑，她接下来会取得巨大的商业成功。

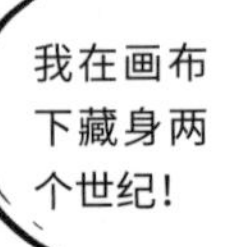

有意无意地被改名换姓
——让她从历史中消失

不过，让她从历史中消失的暗示似乎也早已埋下。

获得行会认证三年后，莱斯特嫁给了艺术家扬·米恩斯·莫勒奈尔，搬到阿姆斯特丹，画作从此大幅减产。目前，人们能找到她在婚后创作的画少之又少，并且因为她和丈夫总是共用画室和模特，分辨他俩的画作变得极为困难。

历史记载中最后一次出现“朱迪斯·莱斯特”的名字，是在她的葬礼通知上。莱斯特的丈夫去世后，财产清册上她的画作署名就已经是“死者的妻子”和“朱迪斯·莫勒奈尔”了。

后来，有投机分子故意抹去莱斯特的签名，换成哈尔斯的，再推销出去。如此经过两个世纪，莱斯特几乎被人从历史中抹去了。

莱斯特和弗兰斯·哈尔斯早有交集，两人都住在荷兰哈勒姆。即使莱斯特比哈尔斯小二十多岁，她还是迅速建立起了和他势均力敌的事业，甚至曾经和他对簿公堂，因为她的一个学生未经允许，就逃到了哈尔斯的工作坊工作。

哈尔斯向莱斯特赔偿了一些钱，但没有归还莱斯特的助手。那时谁也不会想到，他们的命运在死后仍然以奇特的方式纠缠在一起。

弗兰斯·哈尔斯

最后， 这个历史的“失误”，似乎也以奇怪的方式验证了莱斯特颠扑不破的才华：因为只要给她的画伪造一个著名身份，就仍然能让画轻易卖出令人羡慕的高价，并顺利进入世界上最好的博物馆。真正的北极星大概就是这样——历史也许能暂时遮蔽她，但是她总能用自己特殊的光芒，引导她的知音找到她，找到藏身于画布下两个世纪的秘密。

珍宝属于大众
——从好奇心橱柜到现代博物馆的诞生
除了收藏绘画，荷兰的赞助人还可能为什么东西而掏钱?
“好奇心橱柜！”（Cabinet of Curiosities）
顾名思义，它是一个巨大的柜子，甚至是一整个房间，用来装载满足人类好奇心的收藏品。比如异域珠宝、植物标本、雕塑、绘画、被诅咒过的武器、神秘生物的骨骼……
好奇心橱柜也反映了当时人们对自然和科学的兴趣。比如荷兰解剖学家弗雷德里克·勒伊斯和他的女儿雷切尔，就有令人震撼的人体解剖标本收藏。
其实，那就是博物馆的雏形。
听起来这里面有好多可以编造传说的空间。

但是，大众要看到那些藏品，困难吗？
现在世界上许多公共博物馆的早期藏品，都来自好奇心橱柜的主人捐赠。也是从那时开始，博物馆就致力于给更广泛的群众普及知识和带来美的体验。
比如 19 世纪的维多利亚与阿尔伯特博物馆，为了让工人可以晚上下班后参观，开创性地在馆内安装了煤气灯。
珍宝最终还是属于大众的。
MUSEUM
我在荷兰见过热带菠萝以后，就决定亲自乘船到南美洲去。
我从好奇心橱柜里得到启发，创造出了花朵的寓言。
这个时期的女艺术家们，
不但走在科学发展的前沿，
还将自己对自然的观察融入作品中，
用好奇心改变世界。
雷切尔·勒伊斯
（1664—1750 年）
玛丽亚·西比拉·梅里安
（1647—1717 年）

Rachel Ruysch

雷切尔·勒伊斯

价值千金的花朵

最稀有的郁金香和伦勃朗的画，
都没有她的画贵

精通博物学，
帮助父亲创造了令人惊叹的好奇心橱柜

她绘画的花朵既有科学意趣，
又有强烈的戏剧性

尸体、鲜花和少女

雷切尔·勒伊斯从少女时期开始就有一个不平凡的工作——装饰尸体。

她的父亲弗雷德里克是阿姆斯特丹有名的解剖学家，拥有一个庞大的好奇心橱柜，连俄国的彼得大帝都慕名前来参观：里面有从世界各地搜集的珍奇植物和昆虫标本；有经过防腐处理，看起来仍然鲜活的婴孩；还有泡在罐子里的心脏、手掌和眼球。据说，彼得大帝甚至忍不住亲吻了其中一个标本。

这个奇诡的好奇心橱柜最迷人之处，是它的标本都像艺术品一样经过重新创作，呈现出令人难忘的科学景观。在一个展台上，几个孩子的骨架站在一起，做出玩耍或哭泣的样子，鲜红的动脉根根竖立在他们身后，像血红的树。

雷切尔是这个好奇心橱柜背后不可或缺的人物。她小心翼翼地用不朽的花朵和贝壳装饰躯体，遮掩解剖过程中留下的伤口，让死者看起来只像是睡着了一样。后来，她还教父亲绘画标本图谱，以便出版，让科学的美妙之处传播到更远的地方。

在那些奇景中间，有一块告示牌：“无论多么强大的头颅，都逃不过残酷的死亡。”

弗雷德里克·勒伊斯
（1638—1731 年）
雷切尔的父亲
解剖学家，植物学家

花朵的寓言

17 世纪的荷兰赞助人热衷于购买静物画，来展示他们桌上的珍馐美味，从异国订购的花瓶和餐具，来自大洋彼岸的奇异花朵。那些花朵和果蔬，尽管看起来足够逼真，却未必是同一个季节的，它们只是被画在一起，炫耀拥有者的财富和见闻。

在这些静物画中，逐渐出现了一派“叛徒”——“虚空派”绘画——在繁华的画面里，加入一些衰败的警告：花瓶中枯萎的花、开始腐烂的肉，以及狰狞的骷髅。它们隐喻着生命的短暂，无论是鲜艳的花朵还是正值青春的人，都有凋零的一日。奇怪的是，这些带着不祥寓意的画作却同样受到赞助人欢迎。

这可能是因为它们展现的是拥有者的眼光。购买“虚空派”绘画的人和那些纵情享乐的凡夫俗子不同，他们知道对自己的财富保持谦逊，知道对大自然的规则保持敬畏之心。这似乎有点讽刺：在商业文化繁荣的荷兰，连警告本身都成了一种商品。

雷切尔·勒伊斯就特别擅长创作这一类寓言。

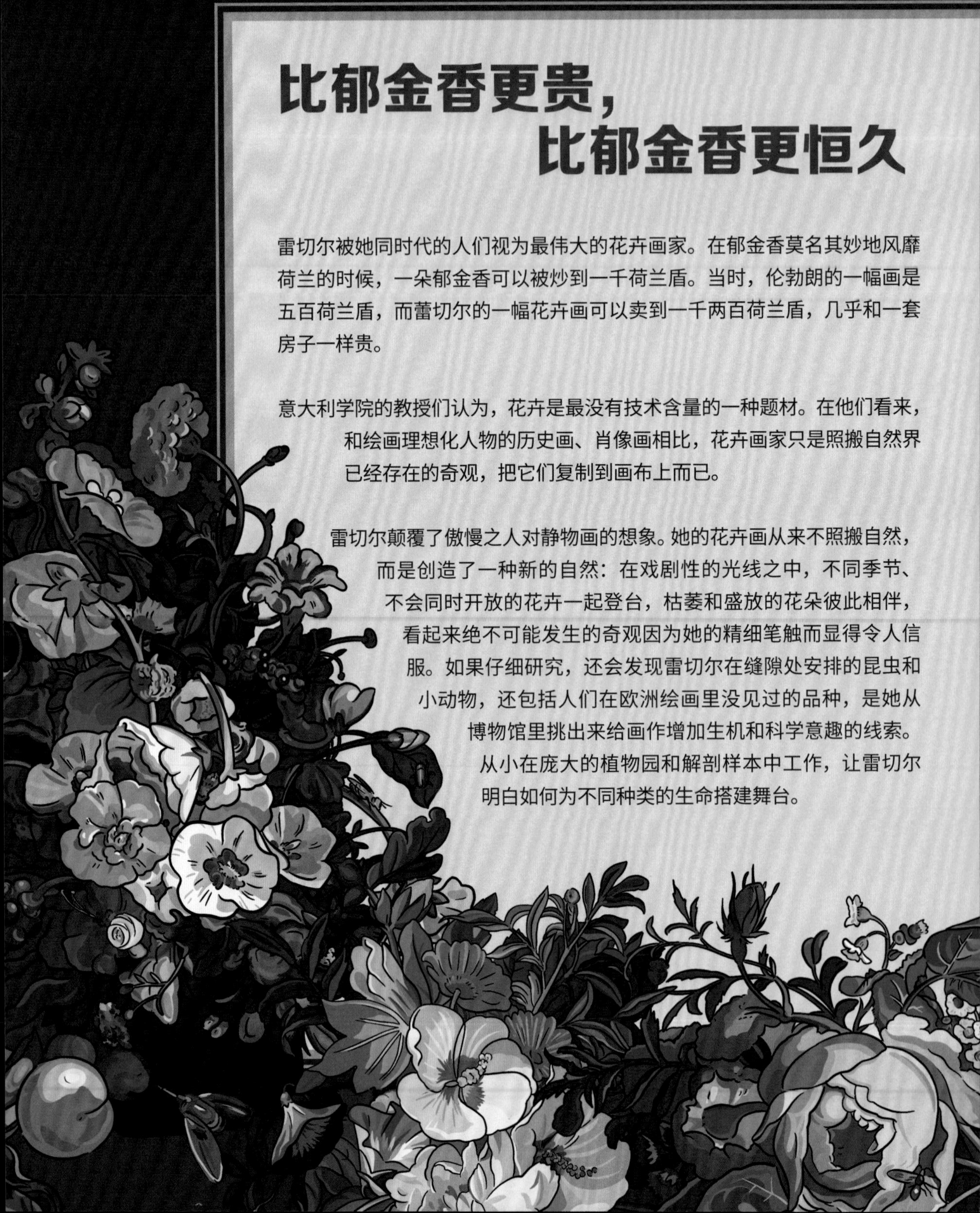

比郁金香更贵，比郁金香更恒久

雷切尔被她同时代的人们视为最伟大的花卉画家。在郁金香莫名其妙地风靡荷兰的时候，一朵郁金香可以被炒到一千荷兰盾。当时，伦勃朗的一幅画是五百荷兰盾，而蕾切尔的一幅花卉画可以卖到一千两百荷兰盾，几乎和一套房子一样贵。

意大利学院的教授们认为，花卉是最没有技术含量的一种题材。在他们看来，和绘画理想化人物的历史画、肖像画相比，花卉画家只是照搬自然界已经存在的奇观，把它们复制到画布上而已。

雷切尔颠覆了傲慢之人对静物画的想象。她的花卉画从来不照搬自然，而是创造了一种新的自然：在戏剧性的光线之中，不同季节、不会同时开放的花卉一起登台，枯萎和盛放的花朵彼此相伴，看起来绝不可能发生的奇观因为她的精细笔触而显得令人信服。如果仔细研究，还会发现雷切尔在缝隙处安排的昆虫和小动物，还包括人们在欧洲绘画里没见过的品种，是她从博物馆里挑出来给画作增加生机和科学意趣的线索。从小在庞大的植物园和解剖样本中工作，让雷切尔明白如何为不同种类的生命搭建舞台。

在雷切尔的画中，你总能观察到一个庞大世界，其中生与死、严谨的科学观察和丰富的想象同时发生，组成一个关于时间的寓言：时间是如此漫长，只要耐心等待，就能看到四季的花朵；时间又是如此短暂，稍不注意，娇艳的花朵就会凋零；时间似乎还很容易抵抗，一个有才华的画家可以把花卉定格在画布上，永不消失。

荷兰人认为雷切尔也会像那些不朽的花朵一样。在她去世后，有人专门出版了一册赞美诗集，纪念她用精妙的技艺为这个世界带来的奇景。诗歌里说，雷切尔的名声和艺术会永远流传下去。

但也许是由于艺术史正统对静物画的忽视，后来谈论雷切尔的人越来越少，直到她慢慢被湮没。雷切尔的名字黯淡得比荷兰人想象的更快。但也许雷切尔对此早有预料。如同她和父亲一起在好奇心橱柜竖立的那块牌子警告的一般，对名气的隐喻也同样适用于此：“无论多么伟大的艺术家，都可能逃不过被人遗忘的那一天。”

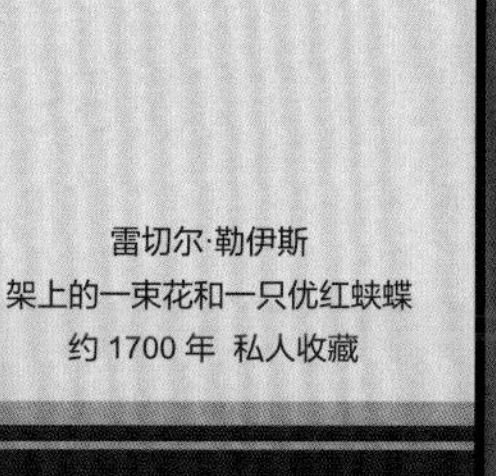

雷切尔·勒伊斯
架上的一束花和一只优红蛱蝶
约 1700 年 私人收藏

玛丽亚·西比拉·梅里安

如何让毛毛虫进入艺术史？

欧洲第一个没有接受任何公共赞助，
自己筹钱到南美洲考察的科学家

突破博物学传统，
将昆虫和它们赖以生存的植物绘画在一起，
呈现一个较为完整的生态系统

运用艺术天赋，
让每一幅科学图像都具有生动的戏剧性

“毛毛虫女士”的伙伴们

她们画毛毛虫

梅里安向两个女儿传授了绘画和博物学知识，母女三人一同去了南美洲的苏里南记录昆虫。约翰娜在考察结束后再次去了苏里南，绘画昆虫图谱并寄回给母亲，最后在那里去世。多萝西娅在母亲去世后完成了母亲的图谱的第三卷，后来进入俄罗斯科学院教博物绘画，将梅里安的遗产传承了下去。

他们收藏毛毛虫（和其他东西）

梅里安在布洛克精心照料的花园中见识了异域植物，又在勒伊斯庞大的好奇心橱柜里认识了不同地方的昆虫标本，便决心跨越大洋，亲自去观察昆虫和它们栖息的世界。

他们让毛毛虫留在历史中

彼得大帝购买了梅里安的300多幅水彩画。后来他用这些收藏建立起了俄国第一座公共博物馆。

林奈是现代生物命名学奠基人，提出了“界门纲目属种”的分类法，并创造了物种命名准则“双名法”，沿用至今。林奈给植物和昆虫命名时，参考了至少一百幅梅里安的画作。

一座精确的纸上博物馆

在照相机发明之前，许多人是通过博物学家的绘画了解自然的。博物学（Natural History）是自然科学的一种研究传统，指的是对自然进行详细观察并总结规律的学问。博物学家将观察到的现象绘画出来（或者请其他人帮忙绘画出来），才能把科学的秘密传递给更多人。梅里安精细严谨的博物学绘画看起来就像照片一般，画里所有的昆虫都纤毫毕现，把从卵到幼虫、蛹和成虫的变态过程和它们赖以生存的植物都详尽地展示了出来。梅里安有着极大的耐心和快速捕捉细节的能力，坚持实地考察、亲自培养昆虫，用水彩记录她观察的不同形态的昆虫，让阅读她的书的读者就像亲眼见到了那些迷人的虫子一样。

她用画笔创造了一座不朽的纸上博物馆。

52 岁出发，7500 千米的冒险

1699 年，52 岁的梅里安带着两个女儿和一盒毛毛虫，登上了从阿姆斯特丹开往南美洲荷属殖民地苏里南的船。那时，她内心可能只有一个简单的想法：想看到更多迷人的昆虫和它们的栖息之所。后来的艺术史书中说，梅里安是欧洲大陆上第一个没有接受任何公共赞助并自己筹钱到南美洲考察的科学家。而认识梅里安的人可能会觉得，这件事看起来没有那么伟大，也没有那么复杂。对像梅里安这样狂热而不带偏见地喜欢一切昆虫的怪人来说，一次倾家荡产的旅行几乎是可预见的。

“业余人士”的野心

在梅里安的家乡德国，有人叫她“毛毛虫女士”。这不是像“教授”或“画家”那样正式的称呼，因为在当地，女性不能加入行会，也不能进入大学学习，梅里安一直是个“业余人士”——却拥有比专业研究昆虫的学者更强烈的热情。她从博物学书籍中自学昆虫知识，还在厨房里繁育各式各样的昆虫和植物，并把它们的形态一一画下来。有一次，朋友送给她三只小鸟，让她非常高兴，因为她在鸟身上发现了十七条蛆，这样她就可以观察它们是如何变成绿苍蝇的了。**“眼见为实”一直是梅里安坚持的科学原则。**为了满足这份好奇心，她愿意背井离乡——比如去荷兰，在那里，女人可以做生意，她也可以卖画和昆虫标本赚钱，为了更远大的目标筹措资金。

对于别人 收藏昆虫可以是一种炫耀财富的方式

当梅里安搬家到阿姆斯特丹后，她的爱好就显得没那么古怪了。阿姆斯特丹人什么都见过。

梅里安的朋友弗雷德里克·勒伊斯家里有足够梅里安绘画和记录的奇异昆虫标本；另一位朋友艾格尼丝·布洛克则拥有一座巨大的花园，里面有从世界各地收集并精心培育的植物。布洛克委托梅里安为那些植物绘画，也是在这里，梅里安第一次见到了来自西印度群岛的菠萝。它张牙舞爪又甜蜜多汁，让梅里安好奇它所属的那个世界，以及围绕在这种甜美果实身边的昆虫会是什么样的。

对于她 她却更想把昆虫当成朋友

曾经有人给梅里安赠送来自异国的昆虫标本，但是被她退还了。这是她和她的收藏家朋友们不一样的地方：在她看来，标本最终只是玻璃柜中的展示物，它们从故土被剥离，远离家乡，只能讲述有限的故事。她更想把昆虫当成朋友，到它们的家里做客，了解它们究竟是如何繁殖、生长，如何转变成另一种完全不同的形态，又是在什么样的环境下，吃什么样的食物活下来的。她需要这些昆虫完整的历史，而不是一个失去生命的切片。

在布洛克家见到的菠萝给了梅里安探险的灵感。“新世界”的昆虫和欧洲的有什么不一样，它们有什么样的故事？这份好奇心灼烧着她。

为了这个纯粹的好奇，梅里安变卖家产，向南美洲出发。
出发前，她已经写好了遗嘱。

横跨半个地球

阿姆斯特丹 ······ 苏里南

大洋彼岸所见

梅里安在苏里南见到了许多欧洲人在梦里也没见过的场景：

像幽灵一样巨大的白蛾从蛹中破出；浑身是毛的蜘蛛将蜂鸟缠住，在树干上缓缓享用；在她的家乡地位超过珠宝的菠萝，这里却到处都是，菠萝的叶子如同喷射的火焰一样壮丽；蚂蚁一个抓住一个，快速连成一座密密麻麻的蚁桥——她是欧洲第一个描述行军蚁的这种行为的人。

毛毛虫的真相

欧洲人曾认为跳蚤是从灰尘中产生的，苍蝇是从腐肉中出现的，这是亚里士多德时代流传下来的老观念。直到博物学家通过研究和观察，记录了昆虫的变态过程，人们才了解到昆虫的一生实际上是什么样的。梅里安正是其中之一，她曾经出版《不可思议的毛毛虫的转变》，展示了她观察到的欧洲昆虫的生命周期。在这次旅行中，梅里安把观察昆虫变态的使命坚持了下来。

梅里安在炎热潮湿的气候中收集毛毛虫样本，带回居所培育，同时观察和记录昆虫栖息的植物、昆虫吃的食物，还有她遇到的鸟类和两栖动物。她描绘过的许多物种现在已经灭绝，梅里安的画几乎成了它们存世的唯一记录。

梅里安沉浸在无穷无尽的新发现中，直到患上了热带病，才不得不在 21 个月的考察期后恋恋不舍地离开了苏里南。

把博物学图像变成令人惊心动魄的艺术作品

梅里安的昆虫绘画震惊了许多收藏家和博物学家，因为他们从来没有见过这样的图画：**她是欧洲第一位把昆虫的完整变态过程和它们赖以生存的植物绘画在一起的人。**在梅里安之前，书里所有的昆虫都是孤零零的，像是被固定在纸上的标本。

但是梅里安并不是把所见到的昆虫和植物随意拼凑在一起的，而是**利用不同的构图和色彩，让每一幅画都能讲一个惊心动魄的故事**——巨大而诱人的南美洲香蕉被利比里亚刺蛾举家侵占；石榴树上的果实爆开多汁的内核，看起来充满生命力，而它的叶子却被毛毛虫不断啃食，在叶子上方，一只像孔雀一样迷人的大蓝闪蝶突然降临。她用充满戏剧性的方式，以植物作为舞台，在上面展现生物从卵到成年时期的所有样貌，就像邀请读者来到昆虫的家中，见证它们成长并互相啃食、彼此为友为敌的故事。

只有她能成为划时代的博物学家兼艺术家。

梅里安突破了静态的、仅供研究使用的博物学图像，创造了将昆虫和动植物之间充满内在冲突与动态平衡的关系表达出来的艺术作品，**描绘了较为完整的生态系统——此时，距离“生态学”这个词出现还有一百多年。**这是当时仅有梅里安能做到的创举，也只有她能成为划时代的博物学家兼艺术家。

像她一样的“业余人士”也能“亲眼”见到南美洲的奇迹

回到阿姆斯特丹后，梅里安面临另一个挑战：在一贫如洗的情况下，将自己观察的成果出版，把科学知识传递给大众。

因此，梅里安对这本书有许多要求，比如：

- 书上的昆虫与植物都要和实际一样大，这样读者就能更直观地想象面对它们时是什么感觉；
- 邀请最好的版画工匠，把她的手稿精确地复刻到印版上，让读者不遗漏任何一种昆虫的细节；
- 当时的学术研究通常使用拉丁文写作，对没有学习过拉丁文的普通读者来说门槛极高，她希望这本书除了拉丁文版，还要有更适合大众阅读的荷兰语版。

用商业头脑呈现的“最美作品”

为了筹措出版资金，梅里安想到了一个方法，就是将图书作为一种预订商品，分成不同的等级售卖——最便宜的是黑白版本；贵一点的是手工上色版本；最贵的则是印在昂贵的小牛皮纸上，而不是印在普通的纸张上的版本。英国女王收藏了最豪华的版本，至今仍然保存在温莎城堡中。

有人说，这本书是在“美洲大陆上绘出的最美作品”。

《苏里南昆虫变态图谱》就这样面世了。这本书包括 60 张彩色版画，详细描绘了 53 种植物和 90 种昆虫的完整变态过程。在书的扉页，梅里安选择了她曾经在布洛克的温室里见到、又在南美洲观察过的菠萝的图像，在菠萝的周围，是澳洲大蠊的完整生命历程。这是她给自己的好奇心交出的一份答卷。

梅里安的遗产

梅里安的书引起了极大的反响。一些学者对她的观察并不信任，因为她是一个业余博物学家，也因为她描述的很多场景，比如蚂蚁搭建桥梁、会吞噬蜂鸟的蜘蛛等，看起来根本不可能发生。但是等到更多人逐渐接纳她时，她已经不在人世了。

卡尔·林奈参考梅里安的画作和描述给了至少一百种物种命名，比如现在已经成为一些人宠物的“食鸟蛛”，就是根据梅里安在书里描绘的啃噬蜂鸟的蜘蛛的特性来取名的。实际上，林奈并没有去过南美洲，但是他相信梅里安观察到的内容。

梅里安的绘画也改变了博物学图像的绘画方式。一百多年后，在查尔斯·达尔文收藏的一本百科全书里，就有一幅模仿梅里安风格的食鸟蛛图片，展示昆虫在它栖息的植物中间吞噬鸟类的样子，赤裸裸地表达物种之间的合作和竞争关系。在达尔文提出的“物竞天择”理论之中，或许有梅里安的微弱回声。

梅里安至今仍以微妙的方式影响我们的生活。德国人曾把她的头像和画作印在 500 马克纸币上；在欧元出现之前，有梅里安头像的货币在德国流通了 10 年；在美国发行的邮票上，其中一张选用了梅里安的菠萝图像，菠萝曾经鼓动梅里安出海航行，现在又将陪伴人们的信件，到达更遥远的地方。

美丽的高跟鞋、优秀的艺术家、气派的宫殿我全都要！这才是我太阳王路易十四的作风！

等等，难道只有意大利人才能定义什么是好的艺术？

1648 年，法国国王路易十四想召集一批最优秀的艺术家，为他修整凡尔赛宫。

当时，不同城市行会登记的艺术家数量悬殊：意大利罗马和佛罗伦萨艺术家工作坊的数量可能是其他一些小城市的几十倍。虽然艺术家们为了某个大型项目，比如建造教堂或是城市公共设施，会旅行到另一座城市，聚集在工场里共同完成委托订单，但是路易十四认为，与其请外地的艺术家们来到巴黎，不如自己培养一批皇家艺术家。于是，他建立了法兰西绘画与雕塑学院，任命宫廷画家夏尔·勒布伦为院长，要求艺术家直接隶属于学院而不是行会，从而控制了一大批艺术家为皇室服务。

在法兰西绘画与雕塑学院里，勒布伦建立了一套严格的教学体系，确立了官方的“学院派”风格。这些措施深深地影响了法国艺术的面貌，到 19 世纪之前都无人能撼动。

凡尔赛宫局部

学院学什么？

和瓦萨里确立的学院教学系统相似，法兰西绘画与雕塑学院培养学生同样是从模仿大师作品开始，再到临摹古典雕塑，最后描绘真人模特。不同的是，勒布伦极其推崇古典主义，除了教导学生向古希腊、古罗马时代和文艺复兴的大师学习，他还希望学生们都向古典主义画家尼古拉斯·普桑学习。

尼古拉斯·普桑 我也在阿卡迪亚 约 1655 年 现藏于法国卢浮宫

“只有崇高的事物才是最值得画的”

尼古拉斯·普桑是古典主义绘画的代表人物，他希望在画面上呈现神话、传说、寓言、史诗、虚构中的完美风景和人物，而非日常生活。他的《我也在阿卡迪亚》描绘了四个穿着古代服装的人物，构图极其严谨，其中一个牧人指着墓碑上的铭文，象征即使在这个风景优美的乐园中也笼罩着死亡的阴影。古典主义的绘画就像一座精心建立起来的宫殿，浮于日常生活之上，和观众保持距离，以致最后，真心需要它的人变得越来越少。

新古典主义：古希腊、古罗马是最完美的

18 世纪，在意大利维苏威火山下掩埋了上千年的两座古代城市——庞贝和库赫兰尼姆被发掘了出来，让人们重新见到了古罗马时代伟大城市的光辉。古代文明的绘画、建筑和生活方式都引起了当时人们的广泛兴趣。在绘画中兴起的“新古典主义”正是受它影响——画家们在画中重现了古典时代人们的美德、庄重和高贵，又吸引来了新的顾客，人们争相购买那些印有象征着完美理想的图案的茶壶和盘子，希望自己生活中的日常用品也能沾上一点过去时代的荣光。

一个人有可能活得像古典时代的绘画那样完美吗？

在那些新古典主义画家当中，表现得最完美的那一位获得了最大的商业成功。

安杰里卡·考夫曼
（1741—1807 年）

Angelica 安杰里卡·考夫曼 Kauffman

一个绝对完美的女艺术家，有可能存在吗？

英国人专门发明了一个词形容对她的迷恋——“安杰里卡狂热”

英国皇家美术学院创始人中仅有的两位女艺术家之一

全世界都爱安杰里卡·考夫曼

约瑟夫·约翰·考夫曼
（1707—1782 年）
父亲，奥地利人

约瑟夫·约翰·考夫曼是一位画家，他发现了女儿的绘画天赋后，便着魔一般地投身到对她的培养中。他带全家人一起旅居意大利，这样考夫曼就可以在当地博物馆里向欧洲最好的艺术作品学习。

克莱奥菲亚·鲁茨
（1717—1757 年）
母亲，瑞士人

克莱奥菲亚虽然在女儿年轻时就去世了，但是她教会了女儿演奏和唱歌，还让女儿学会了多种语言。考夫曼拥有那个时代的女孩少有的权利——自由选择适合自己的职业道路的权利。

神童教育

叶卡捷琳娜大帝
（1729—1796 年）
俄罗斯帝国第八位皇帝

考夫曼是欧洲首屈一指的历史画画家，拥有无数非富即贵的国际客户，包括叶卡捷琳娜大帝和神圣罗马帝国皇帝。

国际客户

约书亚·雷诺兹
（1723—1792 年）
好友
英国皇家美术学院第一任院长

他和考夫曼卡一起创立了英国皇家美术学院，定义了英国学院派绘画的格局。

约翰·沃尔夫冈·冯·歌德
（1749—1832 年）
好友，德国文学家

考夫曼博览群书，涉猎广泛，歌德曾经邀请她为自己出版的戏剧创作插画，即使考夫曼的订单很多，委托价格也很贵，但是歌德还是说服了出版社使用她的画作，因为他知道考夫曼对他的文字有最深刻的理解。

业界认可

安东尼奥·祖基
（1726—1795 年）
丈夫，意大利人

他是考夫曼忠心耿耿的丈夫和助手，负责打理工作坊的一切事务，让考夫曼能够专心画画。或许因为他俩都太过于专注事业了，以至于没有留下子嗣。

得力助手

我会说四种语言，到处都是我的朋友和客户。

永远美丽的安杰里卡·考夫曼

安杰里卡·考夫曼永远不老。

她是 18 世纪欧洲最成功的女艺术家之一，她的作品传遍宫廷与民间，被人争相模仿和复刻，出现在了餐盘、鼻烟壶和花瓶上，以及贵族会客厅的墙上；从王公贵族到泥瓦匠，人人都希望自己拥有一幅“安杰里卡·考夫曼”。

考夫曼是新古典主义风格的代表画家。她擅长画神话和文学经典里的人物，并在画里呈现一个温柔、宁静、永恒的世界，同时，也让自己成为这种风格的化身。在画里，她常常穿着古希腊、古罗马服装，美得如同天使（就像“Angelica”这个名字暗示的一样），脸上总是挂着柔和的淡淡的红晕，实际上无论几岁，在画里，她永远年轻，和古代经典一样，永远不朽。

直到她死去，社会名流来为她抬棺，把她的雕像恭恭敬敬地放进罗马万神殿，人们还是想不起来：他们有没有见过考夫曼发怒？她有过狼狈不堪的时刻吗？她那完美无瑕的明星形象，有没有过一刻崩坏？

考夫曼的成名之路

野心勃勃的少女

安杰里卡・考夫曼从小就对玩乐没有兴趣。她的少女时期几乎都在画室中度过，还学会了音乐和四国语言。如果她不在画室，就是作为一个小神童被父母带着到处展览。然而，在她十六岁时，母亲突然去世了。

这是一种成长的提醒——少女考夫曼作为一个教育小奇迹，到处引人羡慕的日子已经不多了。她要开始为自己的未来选择一条严肃的职业道路：不是绘画，就是音乐。传说，有一位牧师诚恳地劝说她，唱歌会给她带来成功，但是职业生涯可能会终结得比音符落下的时间更快；相较之下，绘画能给她带来持久的名望。

考夫曼选择了绘画。在三十多年后，她画了一幅《艺术家在音乐与绘画之间犹豫不决》来纪念这个人生的转折点，把两条职业道路拟人为两个寓言形象，都在争夺她的注意力。音乐女神和她四目相对，握着她的手，似乎在恳求：我知道你的心归属此处。但是，画中美丽的考夫曼无奈地摊开手，因为她旁边的绘画女神已经指向远方，那里是象征着名气的神殿。

考夫曼显然野心勃勃，因为她把个人经历画成了一个神话。在这个神话里，她拥有的东西比任何一个艺术家都多：

她要清白无瑕的名声，
永不凋零的美貌，
流芳百世的画技，
不同阶层的追捧，
以及一辈子也用不完的财富。
可怕的是，她最后全部都得到了。

安杰里卡·考夫曼 艺术家在音乐与绘画之间犹豫不决 1794 年 现藏于英国国家信托基金会

她要永不凋零的美貌
就把自己画成绝世美人

考夫曼的容貌是欧洲文艺界的话题，不同国家的政治家、艺术史学者和作家都忍不住评价一句她的长相。有些人惊叹考夫曼的美貌，比如好友约书亚·雷诺兹就称呼她为“天使小姐”；有些人却认为，她只是有些角度好看罢了。

但是无论如何，她在自画像里总是把自己画得如同天神。即使她去世时已经 66 岁了，在画里却见不到衰老的样子。有评论家说，总是在画里展示自己有多美，是一种彻头彻尾的自恋行为。但是三百年过去，当见过她衰老的人都去世以后，她对自己的描绘就成了唯一的、永远年轻的证明。

有很多人讨论她究竟是不是真正的美人，往往就是美人的标志。

她要一辈子也用不完的财富
就让每个欧洲人都想要拥有她的茶壶

“流水线”生产肖像画

肖像画最容易打动赞助人，因为人人都想拥有一幅展现自己最美好一面的画像。年轻的考夫曼画了意大利当地的大主教后，就迅速在赞助人圈子中建立起了名声。她的客户包括学者、宗教人员和皇室成员，为了应付源源不断的订单，考夫曼干脆发明了一种流水线生产模式：她一天绘画三个委托人的头像，再让助手穿着委托人的衣服，方便她来完成余下的部分，也不占用那些名门望族的时间。

这些订单让她拥有用不完的财富，更为她打破禁忌提供了保护伞。她想要挑战历史画：这是个许多人认为女艺术家不适合进入的领域，也是能在艺术史留名的领域。

征服大众的“艺术家衍生品”

考夫曼的历史画为她打开了一个更大的商业市场。通常，她画完一幅画以后，画就会被迅速复刻，出现在整个欧洲的日常用品上，无论是花瓶、茶壶还是怀表盒，上面都是考夫曼绘画的美人。一位丹麦大使曾经遇到一个英国版画师傅，仅仅靠复刻考夫曼的画作就能生活得很滋润。英国人发明了一个词形容考夫曼在欧洲流行的程度——“安杰里卡狂热”。

画游客照 也可以赚大钱

18 世纪，热爱古典主义的欧洲贵族推崇“壮游”（Grand Tour），向意大利出发，亲眼见识古罗马的文化遗产。同时，他们也期待带回纪念品。考夫曼在 1782 年移居罗马后承接了大量的肖像画订单，把旅行者和意大利标志性建筑和风景画在一起，不但用精湛的画技把旅行者画得比本人好看，还用文学知识在画面中加入大量古典隐喻，让被画者显得像位饱学之士。你可以把它理解为摄影术出现前的“游客照”。这些游客照的收入让考夫曼足以买下并装修一间罗马豪宅，让它也成为旅行者“壮游”的新目的地。

她要在艺术史里留名
就让作品俯瞰所有后来者

1768 年，画家约书亚·雷诺兹邀请考夫曼一起创立了英国皇家美术学院（以下简称“学院”），考夫曼和静物画家玛丽·莫瑟是仅有的两位女院士。这一年，考夫曼只有 27 岁。

然后，一件尴尬的事情发生了。在一幅描绘全体学院创始人的群像里，三十多位艺术家和一位男裸体模特站在一起，现场却没有两位女院士——考夫曼和莫瑟的肖像被挂在了背后的墙上。群像的作者这么处理，只因为女院士和男裸体模特出现在一个场景里看起来不合适。

这种尴尬的处境伴随着考夫曼的职业生涯。即使是身为学院的创始人，她也不能进入学院的人体写生课堂。但是，她一定是想到了某种解决办法，因为她的画里仍然出现了不少男英雄形象。部分评论家批评她绘画的男英雄肢体不协调，甚至有些男英雄画得像女人一样柔媚——这可能正在她的算计之中，故意用生疏的手法绘画异性，道德争议也就随之消隐。

那些争议只是考夫曼创作的插曲，不会阻挡她前进的步伐。考夫曼要把自己的历史画留在学院的天花板上，表明她才是学院艺术理想的代言人。

没有没有！
真的没有！

让道德警察念念不忘的人

考夫曼聪明地保持着一种创作上的神秘感，至今没人能确定考夫曼究竟有没有画过裸体模特。一直有人暗暗怀疑，或是希望找到她的纰漏。直到学院的模特退休后，还有好事者问他，究竟有没有给考夫曼当过裸体模特。垂老的模特坚持说，他最多只露出过肩膀部分。

安杰里卡·考夫曼把绘画的四个阶段（构想、设计、构图和上色）变成寓言形象，画在了英国皇家美术学院会议厅的天花板上，向世人阐释绘画不仅是一门工匠艺术，它还需要画家运用人文知识、感受力和天赋，经过巧妙的设计，才能在画布上呈现理想化的自然。

考夫曼是 18 世纪欧洲唯一一位在天花板上画画的女艺术家。当时，许多人认为这种需要脚手架、会把衣裙弄脏的艺术不适合女性，也认为女艺术家不具备构想和设计的能力，只能模仿自然。但是考夫曼把自己绘制的壁画永远保存在了英国最高艺术学府之上，这是打破偏见的最好的证明。

安杰里卡·考夫曼 构想 设计 构图 上色 1778—1780 年 现藏于英国皇家美术学院

她要无瑕的名声
就让所有人 只能见到她完美的一面

考夫曼少女时期在意大利学艺术时，就有一幅怀抱乐器的自画像被乌菲齐美术馆收藏。但是，当考夫曼离开英国再次回到意大利，购置房子并开始接受源源不断的委托订单后，她就觉得少女时期的自画像太稚嫩了，不足以展现自己真正的才华。

考夫曼写信给乌菲齐美术馆，请对方重新接受一幅新的自画像作为礼物。在新的自画像里，她穿着古典时期的白色裙子，拿着画板，陷入沉思，看起来比她当时的年纪年轻。这是考夫曼希望别人看到的样子。

临死之前，考夫曼烧毁了身边所有的文件，在遗嘱里，她还托付堂弟把她画室中画得不好的画都烧掉。

安杰里卡·考夫曼保持着完美。她创造了一团迷雾，这团迷雾让她成为艺术界的明星，成为民众喜爱的偶像，也让人怀疑面具背后的真实，却永远不会有人接近真相。这些就是一个永恒的时代传奇有可能具有的全部特征。

1969 年，奥地利发行的 100 先令钞票使用了考夫曼的头像

安杰里卡·考夫曼
穿着古代服装的自画像
1787 年
现藏于意大利乌菲齐美术馆

第三章

中国与日本 13-19 世纪

“你的身份是什么？”

这是女艺术家在选择绘画这条道路时常常会遇到的一个问题。

身份有时候是起决定性作用的，它划定了女艺术家能够绘画的风格、所能见到的风景，甚至决定了她们的名字。如果你是一位大家闺秀，就要遵从相关的限制，严格限定自己出门的范围，甚至不能告诉别人你正在创作；如果你是一位名妓，虽然有机会经青楼有针对性地培养，接受艺术教育，并在具有影响力的文人墨客面前展示才能，但你自身的所有权并不属于自己；如果你是一位助手——那么让别人不发现你，或许就是最大的“美德”。

要突破身份的限制，你可能需要足够幸运，足够有魄力，更要足够热爱你正在做的、在旁人看来甚至是吃力不讨好的事情。

被遗忘是她们注定的命运吗？

很久很久以前，上古帝王舜的妹妹嫘发明了绘画。

“画始于嫘。”
——《说文解字》

据说，嫘拥有神一样的技巧，可以用画笔模仿万物的形态。

从那以后，中国画逐渐发展出了三种主要题材：山水、人物和花鸟。

女艺术家在这些题材的创作中从未缺席。

三国时期，吴国丞相赵达的妹妹赵夫人曾经为孙权绘制了九州山岳的山势图，还将图画绣在丝帛上，那可能就是山水画的前身。

但是渐渐地，有些人开始认为“画得像”只是一种工匠技能，并不值得夸耀。

绘画工匠

在宋代

什么样的艺术家更值得尊重？答案分成了两种派系——“院体画”和“文人画”。

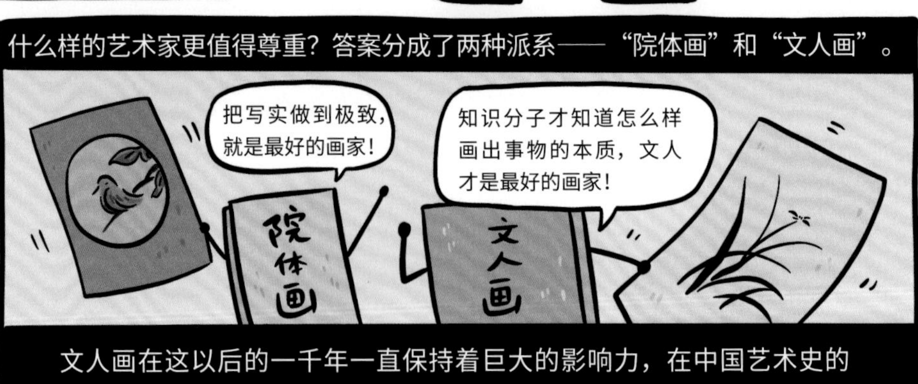

文人画在这以后的一千年一直保持着巨大的影响力，在中国艺术史的发展中占据极其重要的位置。

在清代专门介绍女艺术家的《玉台画史》里，把女艺术家分成了四类：

宫掖画家　名媛画家　姬侍画家　名妓画家

而不同身份的女艺术家，生活中也有不同的限制。

以数量最多的名媛画家（也叫闺阁画家）来说，她们长期居住在家里，出游机会很少，画山水画会比男画家遇到的挑战更多。

同时，因为当时社会对女性的要求，许多闺阁画家不想张扬自己的才华，就不轻易把画外传，在去世前也会销毁自己的作品。

其实，只要给女艺术家展示自己的机会，她们就会创造令人惊叹的成就。

明代名妓马守真以画文人画出名，尤其是兰花题材，她的画甚至远销海外，传到了西班牙宫廷。

可惜，即使是在生前声名大噪的女艺术家，也可能不会被记载入艺术史。或者，她们只会进入一个专门为女艺术家开辟的附属章节。

清代的汤漱玉希望中国历史上优秀的女艺术家不被埋没，于是搜集资料写了《玉台画史》，这是世界范围内少见的专门记述女艺术家故事的史书。

在汤漱玉之前，女艺术家们也在努力，不仅努力让更多人看到她们的艺术，还努力让更多的女性获得更好的艺术教育。

Guan Daosheng

管道升

字 仲姬

乾隆说，无论书法还是画画，都应该跟她学

善画墨竹

始创晴竹新篁

『书坛两夫人』之一

活在传说中的中国女艺术家

元代画家管道升的传世作品极少，但是，她的艺术面貌可以通过她交往的人、别人对她的夸赞推理出来。

艺术先驱

李夫人
（？）
五代前蜀画家

她发明了“墨竹”画法，后来尤为文人画家推崇。管道升在李夫人之后，更加丰富了竹子在绘画上的可能性。

卫铄
（272—349 年）
晋代著名书法家

她是“书圣”王羲之的老师，世人常说管道升的书法足以和她比肩，于是把她俩并称“书坛两夫人”。

流芳百世

孛儿只斤·爱育黎拔力八达
（1285—1320 年）
元仁宗

元仁宗不但请管道升写《千字文》，将管道升的书法作品留在宫中珍藏，希望让后世知道“我朝有善书妇人”，还收藏了管道升绘画的墨竹和设色竹画。

董其昌
（1555—1636 年）
明代书画家

董其昌看到管道升的《山楼绣佛图》，说她的线条刚劲有力，如同“公孙大娘舞剑器”；评论她写的《金刚经》，又说她的书法可以比肩卫铄。在董其昌看来，管道升几乎是艺术史上有才华女性形象的总和。

爱新觉罗·弘历
（1711—1799 年）
清高宗（乾隆）

乾隆皇帝在看过管道升的《修竹幽兰图》之后，直接赋诗道：“世间尽有丹青手，写照端须似此人。”也就是说，他认为所有艺术家都应该模仿管道升。

书画世家

赵孟頫
（1254—1322 年）
元代书画家，管道升丈夫

赵孟頫在给管道升的墓志铭中写道：她天生聪明过人，让家里人都惊叹，希望一定要给她找到一个最有才华的丈夫。他们找到了赵孟頫。

管道杲
（？）
管道升姐姐

据说，管道杲也擅长书画，但除了一首诗歌，其他作品已经散佚不传。《履园从话》中记载过一幅管道升的墨竹，上面有管道杲的题跋，记述妹妹管道升来拜访她并为她即兴创作的故事，管道杲半开玩笑地说，妹妹的才学早已超过一般妇人，可以成为“女丈夫”，后世的人们都应该把她当作珍宝。

如何把竹子画得与众不同

在中国画里，不施颜色、直接用墨画竹子的画法，据说是五代时期西蜀画家李夫人开创的。《图绘宝鉴》中记载，西蜀灭亡后，李夫人被后唐将军郭崇韬俘虏，终日郁郁不乐。在一个月光照入庭院的夜晚，她注意到窗前有竹影摇动，就提笔濡墨，把窗纸上竹叶的影子一一描下。第二天起床后再看那些墨迹，竟然还像是在摇动一样，让人恍然回到昨夜。从那时起，“墨竹”画法就逐渐流传开来了。

过了一百多年，北宋诗人苏轼夜访承天寺，也在庭院里见到了月色下的竹影。他同样推崇“墨竹”，把它作为文人画的代表题材。因为竹子屈而不折，不因季节变化而落叶，而且竹子中空，就像一位谦谦君子，正符合理想中对文人风骨的比喻。

又过了两百年，墨竹经过历代名家的诠释，似乎不可能再有新意了。而在江南出生的管道升横空出世。她和其他人不一样，更愿意把竹子当作孩子，而不是某种精神的投射——在一首诗里，她描述自己和儿女在竹下散步，看到竹笋萌出，便说它们是“森森稚子石边生”。出于某种纯粹的、无法压抑的热爱，她让人们看到，墨竹还可以有很多种美妙的可能性。

* 背景图改编自管道升《烟雨丛竹图》局部。

历史无法彻底删除的人

这是管道升，元代著名的书画家。

据说，管道升天生就会写绝妙的书法和文章。

她最擅长画竹子。

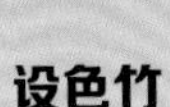

管道升可以用墨描绘竹子的筋骨，也可以勾线填色画出最青翠欲滴的竹子，还擅长用朱红色画竹，即使是用最不像竹子的颜色，也能呈现让人信服的画面。

有一次，管道升和楚国夫人泛舟湖上，为夫人即兴创作了一幅《烟雨丛竹图》。她巧妙地通过运笔和墨色浓淡表现在雨雾中朦朦胧胧的竹枝，不用一笔绘画烟雨，却让人看到满眼烟雨。

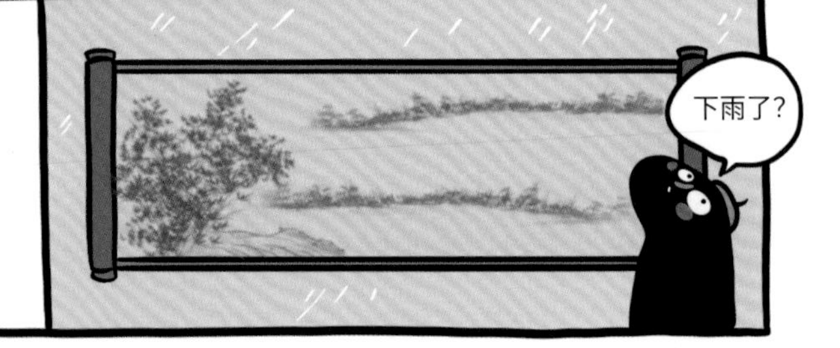

所有看过她画的人，都忍不住叹服。

因为书画水平极高，连皇帝都向管道升定制作品。

在民间，管道升也大受欢迎。只要管道升的作品出现在市场上，哪怕只是一小幅画或者扇面，也会引起争抢。

丈夫有名很有可能使得艺术家妻子相形见绌。

在《元史·赵孟頫传》中，甚至没有提到管道升的名字。

管道升在给自己的画作题字时，也会谦虚地说，她是嫁给赵孟頫后，才真正学会书画。

有人因此低估了管道升的才能，误以为许多管道升的书法作品都是赵孟頫代笔的。

东汉班昭写《女诫》，对女性的行为处事做出了规范，这本书在元朝仍然影响巨大。其中一条要求就是：**不能太过张扬自己的才华**。

书画艺术在当时被认为并非妇女应该努力钻研的东西。

管道升在自己的画作题跋中也说过类似的话：“操弄笔墨，并非女工。然而天性之好，自不能已。”

这份热情让管道升偶尔能够越过当时女性身份的藩篱。

管道升未出嫁时，曾在湖州瞻佛寺东边的墙壁上画了一丛墨竹，立刻引起轰动。当时，来到寺院观赏管道升壁画的人几乎要踏破门槛。

可惜的是，现在寺院和壁画都已不存。

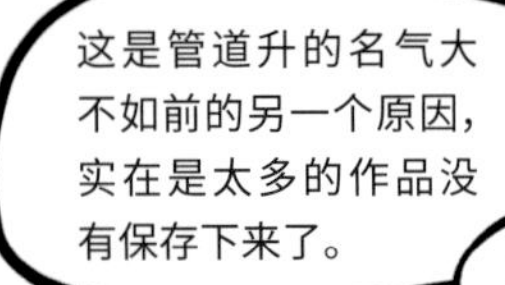

虽然还有许多假托管道升名字的作品存世，但是却让人难辨真伪。

但是，一旦有管道升的作品重现世间，就一定会立刻引起轰动。

2004 年，一件元代绣画《十八尊者册》出现在北京的拍卖会上，它的作者正是管道升。

据说，见过绣画《十八尊者册》的人都认为它是一件稀世奇珍。管道升用极其细腻的绣线描绘每一位罗汉尊者，无论是怒目圆睁的，还是含笑垂目的，都生动自然，几乎看不出刺绣痕迹，而且历经七百年依然保存完好。

最后《十八尊者册》拍出了 1980 万元的天价，创下了中国刺绣艺术品拍卖价格的纪录。

刺绣大概只是管道升的才华与成就的冰山一角，还有许多美妙的秘密埋藏在历史中，等待人们发现。

清朝时，
文人吴其贞专程泛舟到湖州瞻佛寺，
寻访管道升的作品。
他在《书画记》里写道，
看到管道升画的亭亭挺立的竹子，
便能感受到清风徐来，
甚至寒气彻骨。

这就是一位不朽的女艺术家所拥有的超越时代的感染力。

Wen Chu
文俶
字 端容
三百年来，
中国花鸟画
最厉害的女性
花鸟虫蝶在她笔下栩栩如生
一千天画了一千种花草写生画
被清朝学者誉为三百年来闺阁画家第一

被保护得很好的闺阁小姐

有一个不成文的说法是，古代女性需要取得成功，需要三个条件：出身名门；有著名的丈夫支持；或者是有著名的儿子大力推崇。文俶作为明代文人世家的小姐，占了两个成功的条件，拥有一个开明的家庭，愿意支持她用绘画换取报酬。尽管如此，她仍然有自己不能突破的局限。

文徵明
（1470—1559 年）
书画家，文俶玄祖父
文徵明是中国艺术史上的“明四家”之一，在文俶的祖辈中，不乏知名文人和艺术家，可谓家学渊源。

文从简
（1574—1648 年）
画家，文俶父亲
文从简在当时是知名画家，赵均曾向他拜师。后来，他的女儿文俶嫁给了赵均。

赵宧光
（1559—1625 年）
篆刻家，造园师，
文人，文俶公公
赵宧光在苏州城外找到一座无名山，在那里开辟“寒山别业”，苏州的寒山因此而得名。他将打理寒山的任务交给了儿子赵均和儿媳文俶。

赵均
（1590—1640 年）
金石收藏家，文俶丈夫
赵均在某种程度上是文俶的小助手：他会在文俶的画上题字，作为一种“防伪标记”，和市面上的假画区分开来；在文俶画出《金石昆虫草木状》图册后，他还帮忙写序，为它寻找合适的买家。

▲ 亲人

钱谦益
（1582—1664 年）
文人，文俶与赵均的好友
一位闺阁画家要闻名于世，需要许多文人的宣传。明代文人钱谦益就是文俶作品坚定的支持者之一，说她“点染写生，自出新意，画家以为本朝独绝”。他没有把文俶只当作一个闺阁画家、一个女性特例，而是把她和明代所有画家放在一起评判，并仍然认为她是其中最好的。

▲ 友人

周淑祜
（？）

周淑禧
（约 1624—1705 年）

画家，文俶弟子
周氏姐妹是众多向文俶学画的闺阁女性其中一分子。她们从临摹文俶的作品开始，逐渐发展出独特的风格。尤其是周淑禧，不仅擅长描绘花鸟，更能创造宝相庄严的观音像、气韵生动的罗汉像。明代文人陈继儒说，周淑禧的笔法已经超过“画圣”吴道子。

▲ 学生

给万物画不朽的肖像

文俶曾在寒山隐居，那里有奇峰怪石、飞泉流瀑、山花野卉，一切山中胜景，都成了她的创作素材。她花了四年时间绘画她在寒山中见到的一草一木，给蝴蝶、花朵、鸟雀、怪石留下它们各自的肖像，一画就是上千幅，集结成《寒山草木昆虫状》。

她画的尺幅都很小，每次只选择几件事物，耐心地、温柔地、不紧不慢地描绘她身边的世界。只是画出精确的万物肖像并不是终点，她还需要细致地安排构图、设色和笔法，呈现自然之中的动人意趣。比如，她常常用没骨法来描绘花卉——也就是不画轮廓线，直接填色，让花瓣显得极其轻盈、娇媚，然后用细腻的线条强调花瓣和叶片内在的脉络特征，做到一花一叶，各有不同。

她画出了前无古人的山中美景。清代文人张庚《国朝画征续录》说："吴中闺秀工丹青者，三百年来推文俶为独绝云。"但是，文俶更大的愿望是——后有来者。

“闺阁画家”意味着什么？

文俶生于苏州的世家大族，是明代画家文徵明的玄孙女。

按照艺术史上的说法，文俶属于“闺阁画家”，平时就住在家中，不常出门见人。

文俶的公公赵宧光隐居在苏州寒山，在这里凿山引泉、栽花种树。在文俶和丈夫赵均结婚时，公公也把这份家业交给了她。

她是操持家务的好手，把所有事情打理得井井有条。

不过，文俶最喜欢的还是画画。

文俶一有机会就画。她从临摹开始，摹写文家祖传下来的各类动物和草药的图像，然后又仔细观察寒山中的花卉和昆虫，尽心地用画笔记录它们。

经过反复的练习，文俶更知道在寒山之外，如何构建一个属于自己的世界——一个清淡的、温柔的、平衡的世界。

因为她们不愿意（或者周围的人不支持）展现她们的才华，所以直到去世，可能都不会有人见到过她们的画。

但是，

文俶打破了这种沉默。

文俶让丈夫在市场上售卖她的画，人们争相抢购，以至于供不应求。

有些画贩子急匆匆地伪造文俶的作品，甚至把她的名字都写错了。

如果要用现代词语来描述文俶的话，可能她就是个有点“强迫症”的画家。她喜欢保持画面的整洁，极少在画面上题诗，只签上名字和作画时间。

《无声诗史》说文俶为了让别人没有机会在她的画上涂写，她画扇面时干脆两面都画。

见过文俶的画的评论家都觉得，她的画拥有超越时代的动人之处。她画的不仅有大鸣大放的牡丹，还有平时人不会注意到的野草，她总是能带着一颗真诚的心，画出奇妙的趣味。

我认为，文俶小姐的画是本朝最好的。

我认为，文俶小姐的画是苏州三百年来最好的！

明·钱谦益

清·张庚

这么厉害，她收徒弟吗！我想拜她为师！

还真收！

文俶让许多人发现，闺阁当中有隐匿的天才。当时的闺阁小姐听说文俶会画画，都来拜师学艺。

在文俶的弟子中，最出名的是周淑祜、周淑禧姐妹。

她们同样以花鸟画闻名，同时涉猎人物画，在市场上甚至有人拿着金饼求购。

周淑祜 周淑禧

周淑禧曾经按照杜甫的诗《骢马行》画了一幅《郊猎图》，画卷上士大夫们骑着马在郊外驰骋。

邓公马癖人共知，
初得花骢大宛种。
夙昔传闻思一见，
牵来左右神皆竦……

人们骑着马在郊外驰骋，这可能是文俶从来没有见过的景象。

在《赵灵均墓志铭》里，文人钱谦益赞美文俶作为赵均妻子的才华与美德，说她尽心尽力操持家事，让赵均得以不问世事，专心研究金石、书法……

这让人不禁畅想，
如果文俶也有机会不问世事，
走出闺阁，
遍访名山大川，
又会创造出什么样的画作？

画还能出现在哪？
——日本的应用艺术

如果问一个 17 世纪的意大利人，你们最优秀的艺术家的作品，在哪里可以找到？答案可能是：**在教堂、宫殿和贵族的府邸中。**

如果问一个 17 世纪的日本人，则可能会得到不同的答案——**最优秀的艺术家的作品，在日常用品中，比如屏风上，或者书籍里。**

俵屋宗达 风神雷神图屏风 17 世纪 现藏于日本京都建仁寺

俵屋宗达的《风神雷神图屏风》并不像西方绘画一样崇尚写实风格，而是将神概括地勾出轮廓，填上平面的、鲜艳的色块，在金色背景的映衬下，两个神明好像某种华丽的装饰花纹，增添了屏风（这类日常工艺品）的艺术气息。

大众趣味："浮世绘"*

在日本的江户（现在的东京），更多人开始追捧一种独特的画——"浮世绘"。

浮世绘的主要内容就是江户时代的人们日常生活中能看到和读到的一切——声色场所中的美人、剧场里的歌舞伎、名山大川、花鸟虫鱼、节日庆典、街巷怪谈、神仙、鬼魂和英雄，这些美妙、壮丽和奇诡之物共同组成了一个变幻莫测的世界，是谓"浮世"。浮世绘的形式有手绘、版画，但更多以"版画"为主。

菱川师宣
回首美人图
17 世纪
现藏于日本东京国立博物馆

* 浮世绘的开山祖师菱川师宣在手绘和版画方面均有建树，开创了"菱川派"，他让学徒也用他的风格创作。虽然这一做法能迅速增加作品的数量，让更多顾客能买到"菱川师宣"的作品，但是最终却让人难以辨认哪些作品才是真正的菱川师宣原作。这幅手绘的《回首美人图》是难得能确认为菱川手笔的作品，画面以简洁的线条勾勒美人的形象，又用鲜艳明亮的色块强调美人摇曳生姿的身体，寥寥数笔就足够动人。

版画是怎么做的？——艺术家是一群人创造的一个品牌

葛饰北斋　神奈川冲浪里　1831 年　浮世绘

浮世绘画师并不完全是一位独立艺术家。这要从版画的制作方式来解释：

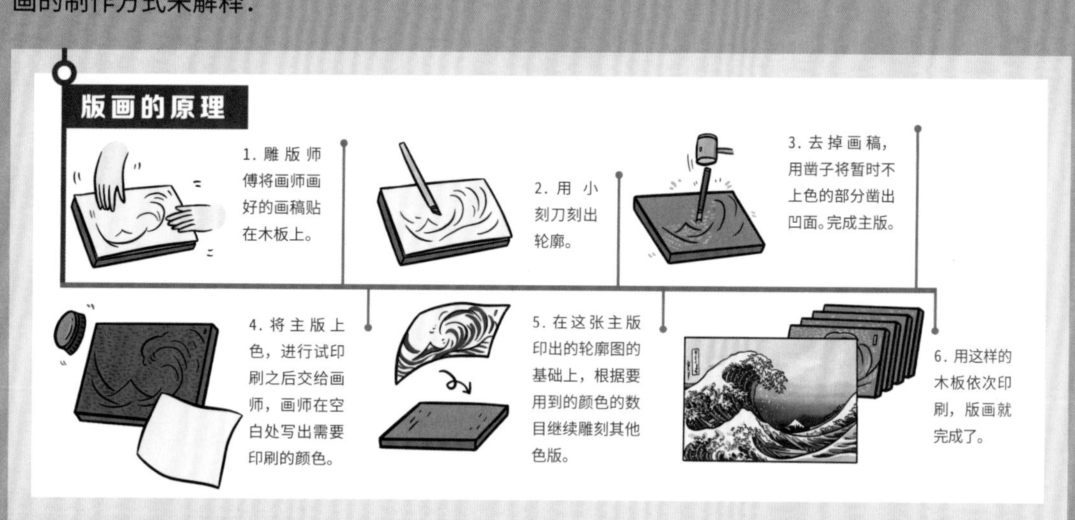

在版画制作过程中，画师并不一定会全程参与，制作雕版的人、调配画面颜色的人，还有监督成品的出版商，同样对版画的质量有贡献。一位有名气的画师通常会有自己的工作坊，学徒模仿画师的风格制作图样，再署画师的名字销售出去。当画师退休后，他可能会把自己的名字传给最满意的学徒。这时，“艺术家”就不仅仅是一位艺术家，更代表着一个品牌。

关于日常生活的艺术——浮世绘

在浮世绘画家中，最备受推崇的三位被称为“浮世绘三杰”。从他们的风格中可以看出，浮世绘的核心是：简洁有力的线条、鲜明大胆的色块、不对称的构图，截取某一个日常生活的图景，创造一种“永恒不变”的感觉，剥离不相关的细节，只留下画家认为最值得夸耀的、不朽的部分。

歌川广重
江户名所百景 大桥暴雨 1857 年

喜多川歌麿
当时三美人 1793 年

葛饰北斋
诸国瀑布揽胜 木曾路深处阿弥陀佛之瀑布
1833 年

用细密的线条表现骤雨急下时大桥的样子，本该是主角的大桥却被画面粗暴地切断，暴涨的河面和桥形成不平衡的对立态势，乌云笼罩其上，更突出暴雨天气给人带来的紧张感。这种不对称的、有时显得罔顾主角却能传达微妙情绪的构图方式，让许多西方画家大开眼界。

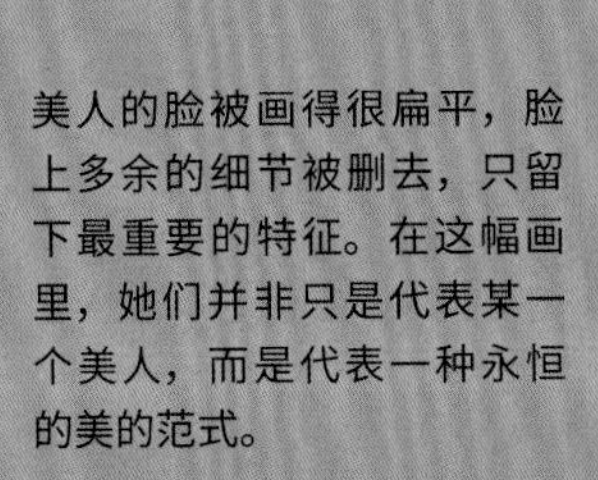

美人的脸被画得很扁平，脸上多余的细节被删去，只留下最重要的特征。在这幅画里，她们并非只是代表某一个美人，而是代表一种永恒的美的范式。

北斋选择了一个独特的、意想不到的视角来描绘人们习以为常的风景，比如瀑布。从这个角度看，似乎反而显出一种奇妙的宏伟感——只用色块和简洁的线条组成的壮丽风景。有趣的是，实际上北斋画的地方有一些他并没有去过，但是他仍然能够通过自己对自然的观察、阅读中获得的积累和感受，创造出引人入胜的理想画面。

葛饰北斋 富岳三十六景 神奈川冲浪里 1831 年

也许你见过这幅巨浪。北斋的《神奈川冲浪里》是许多人心目中浮世绘的代表作品，也许因为它正好集合了浮世绘那些让人过目不忘的特点：简洁有力的线条、鲜明大胆的色彩、不对称的构图；也许因为它足够简单明确，蕴含的意味也是放之四海而皆准的——自然既有强大的威慑力（大浪），也是人们乡愁的安放之处（富士山），而人永不服输，又在世界中浮浮沉沉。

葛饰北斋：万物有灵

葛饰北斋从 19 岁开始做学徒，一直画到 90 岁，几乎画遍了浮世绘所有的重要题材，还出版过一系列《北斋漫画》，向人们传授他用线条勾勒不同的人物动态、花鸟和山河风景的方法。小到一只虾米，大到仿佛可以吞噬一切的巨浪，他都可以精确描绘在浮世绘小小的画幅中。

Katsushika Oi

葛饰应为

让你找不到我的笔迹，是我身为助手的美德

“光之女”
浮世绘艺术高手
光影美人画堪称一绝
忠心耿耿地为父亲画画
甚至名字也来自于父亲叫的“喂”

她身边的光

葛饰北斋
（1760—1849 年）
画家，父亲

葛饰应为曾经嫁给画家南泽等明，但是没几年就离婚回家了，从此在父亲的工作坊里工作。据说，从小学画的她，无法忍受南泽等明平庸的画技；也有人认为，北斋除了画画之外从不让她学习烹饪、打扫这些技能，因此她根本不可能融入那个时代的家庭生活。无论如何，离婚后的应为是父亲工作坊里最得力的助手，北斋许多为世人称道的作品都是在他们合作期间创作出来的。

溪斋英泉
（1790—1848 年）
画家，好友

英泉是江户有名的画家，尤其擅长“美人绘”，他笔下的美人总是具有十分妖娆的身姿。传说，他还经营过一间妓院——在英泉和应为生活的时代，声色场所中的游女是他们生活中重要的组成部分，也是他们画里频频出现的主角。

饭岛虚心
（1841—1901 年）
学者，浮世绘研究先驱

饭岛虚心在北斋去世后采访了许多他的学徒、出版商和好友，并搜集北斋的书信，据此写了《葛饰北斋传》，至今仍是研究葛饰北斋的重要资料。从这本传记中可知，应为是北斋工作坊里不可或缺的画师，但她的名字仍然被过去的艺术史叙事忽略了。

菲利普·弗兰兹·冯·西博尔德
（1796—1866 年）
医师，植物学家

冯·西博尔德在日本传授荷兰医学，悄悄收藏了大量日本艺术品并运回国，包括北斋的绘画。北斋的工作坊还为冯·西博尔德用西方绘画技法创作了一系列没有署名的水彩画，应为可能也是这些作品的作者之一。同时，北斋父女还可能从冯·西博尔德那里得到了西方的绘画技法书、纸张和颜料。

葛饰应为
（？）

对一位浮世绘画家来说，名字有多重要？

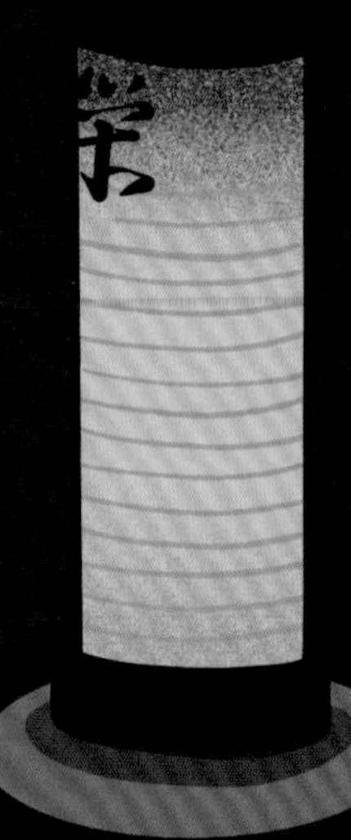

葛饰应为的父亲北斋一生使用过三十多个名字。

世界各地的艺术爱好者都会亲切地叫他“北斋”，其实他真正的名字是中岛铁藏，“北斋”只是他的画号。他在胜川春章门下做学徒时，胜川春章给他取名叫“春朗”，用自己名字里的一个“春”字把北斋认证为一个重要的学徒。北斋改画俵屋宗达的风格后，又改过画号叫“宗理”。后来，他还曾把自己使用过的画号送给最满意的学生，自己再创造一个，比如他在七十多岁的时候改名为“画狂老人”，以此来表达他对绘画不倦的热情。

浮世绘画家的名字有时候可能会含有一丝戏谑成分，但有时也蕴含着画家的理想、师承和所想坚持的风格。

葛饰应为自己也使用过不少名字。

她的原名叫阿荣，因为下颌骨宽大，所以有时北斋会直接叫她“阿颚”，对这个名字她并不反对。应为大概是一个不拘小节的女人，她爱喝酒，总是不打扫屋子，和父亲忙于绘画的时候就靠外带的食物充饥，吃完以后包装随手扔在地上。她对自己的行为甚至有些自豪，有时候会在自己的画上题一个“醉”字。

浮世绘画家不但不需要确切的名字，似乎也不需要确切的历史。据说，应为还有一个擅长绘画的姐姐“阿辰”，现在能找到一些签名为“阿辰”的画作。可是有人认为“阿辰”并不存在，她可能也是应为的一个笔名。对浮世绘画家的许多生平细节，我们也只能猜测。

如果要说应为有什么在意的事情，大概就是画画。

因为北斋在工作室里总是“喂！喂！”地叫她，所以她干脆把“喂”的发音作为自己的画号，写作“应为”。当时北斋的画号叫作“为一”，而“应为”的意思就是“追随为一”。

或许，追随葛饰北斋，
把“葛饰北斋”这个名字经营下去，
比留下自己的名字更重要。

你找不到我的痕迹，这很正常。

葛饰北斋从六十岁起改名叫“为一”。在他使用这个画号的过程中发生了几件大事：

- 他挚爱的女儿阿荣（应为）离婚回家当他的助手；
- 他中风了；
- 他创作出了《富岳三十六景》（包括现在已经成为一种流行符号的《神奈川冲浪里》），大受民众欢迎。

在葛饰北斋这个新的事业高峰中，应为的笔触可能隐没其间。

为这个猜测找到具体的证据很难，因为一个好助手的“美德”就是让人辨认不出来她的笔迹。不过偶尔也有零零碎碎的线索：比如在应为署名的少数画作上，有时会出现北斋的私人印章，也许这说明父亲对女儿的肯定，也许这暗示了还有其他印有北斋印章却是应为手笔的画作存世。

谁的名字覆盖了谁的作品？

谁吞没了谁？

也许我们永远也不会知道。

葛饰应为
三曲合奏图
1818—1844 年
现藏于美国波士顿美术博物馆

不过追随那些美人绘，就可以找到我！

至少有一点我们可以确认——北斋对应为的画技颇为推崇。他曾经说：“在绘画美丽女子这方面，我完全比不上她（应为）。”在北斋用“春朗”这个画号时，可是以美人绘出名的，而应为却让北斋甘拜下风。应为的《三曲合奏图》就是一个很好的例子：女人的姿态、神情和衣服纹路之间的细微区别都尽在应为的掌握之中，

把光带进浮世绘

应为更令人惊叹的技巧是把西方绘画中的明暗对比融入浮世绘，这让她的画面显示出不同于任何一个同时代画家的气氛。

《吉原格子里之图》描绘的是江户城中的红灯区新吉原里的景象——游女穿戴艳丽，坐在栅栏后供人观赏挑选。新吉原让文人墨客流连忘返，然而对被囚禁其中的游女来说，它只如同一个热闹的牢笼。新吉原的游女常常是美人绘的主角，但又没有一幅美人绘和《吉原格子里之图》相似。应为抛弃了浮世绘的“装饰感”，用明暗对比创造了一个立体的世界，她不仅绘画那些美人，也绘画观看她们的人，双方被代表禁锢的栅栏隔开。这里的游女不再只是一种美丽的符号，在新吉原某一个特定的夜晚，当光和影正好是这样的一瞬间，这些人真实地存在过，也拥有过真实的痛苦与快乐。

应为绘画出了游女们无奈的境况，还提出了一个关于“观看”的寓言：当我们观看美人时，我们的目光是否也构建了一座限制她们的牢笼，把她们变成了仅供欣赏的符号？

葛饰应为
吉原格子里之图
1818—1860 年
现藏于日本东京太田纪念美术馆

这是专属于应为的光和影，只有同时拥有才华与敏感的心才能画出的景象。在游客手提的灯笼上，应为写下了自己的名字和画号——“应”“为”“荣”。

这是葛饰应为的故事，但是在讲述这个故事的过程中，总是不免提到北斋，因为父女俩在艺术和生活中几乎形影不离——一直到北斋去世时也是如此。北斋去世时，应为在北斋身边，匆匆写信给故人们报丧。这时他们家徒四壁，据说身边只剩下一只茶壶和几个茶杯。*

北斋死后，应为在历史上的痕迹变得更难追寻。有人说，她放弃与不信任她的北斋学生们争夺父亲画号的继承权，用自己的画号继续创作；有人说，她后来开始教授商人的女儿们画画，培养自己的门徒；也有人说，她曾经住在二哥加濑崎十郎的家里，仍然专注于画画，从不打扫房间。

这些故事的结局倒是相似：在不知年份的某一天，应为说要出门远游，将画笔揣入袖中，就再也没有回来。

葛饰应为
夜樱美人图
19 世纪中期
现藏于日本梅纳德艺术博物馆

* 浮世绘画师在江户时代会拥有名气，但是并不一定会拥有财富。原画的版权会被出版商一次买断，即使是像《神奈川冲浪里》这样世界闻名的作品，无论重印多少次，都不会增加画师的收入。

应为熟知明暗对比的规则，
光与影互相衬托，彼此成就。
应为做了几十年北斋的影子，
在某种情况下，北斋也是应为在艺术史中投下的长长的、隐秘的影子。

第四章

法国 19 世纪

19 世纪艺术尝试把“当下”呈现出来，呈现当下的情绪、当下的英雄、当下的贫困、当下的嬉笑怒骂。最后，连艺术本身的形式也改变了。一件艺术品可能会直接让你看到未完成的痕迹、貌似潦草粗糙的笔触，让你知道一幅画只是一幅画而已。艺术的目的不再是假装自己是一片真实的风景、一个栩栩如生的人，观者的体验也随之变化——艺术品不再要求他们“感觉自己身临其境”，而是提醒他们“处于当下”，正在看一幅画。

“日本主义”

令人惊叹的包装纸

无论浮世绘在日本有多么受大众欢迎，它们还是只被当作生活里的寻常物件之一。1856 年，法国版画家菲利克斯·布拉克蒙的经历就可以说明浮世绘的地位——他曾经在朋友家中发现远渡重洋运来的瓷器的缓冲包装纸上印着一些奇妙的绘画，据说那就是《北斋漫画》。

法国的艺术家们从来没见过这样的画。他们在学院里学习的是如何反复用画笔涂抹出最理想的人类身躯和容貌，直到人物看起来如同真实的人，力求在画布上消弭画笔的笔触。浮世绘却不是这样的，画家的每一根线条都清晰分明，往往只需要寥寥数笔就能创造出一个生动的人物。

这种在艺术家小范围之内引起的兴奋，是未来大范围狂热的一种预演。

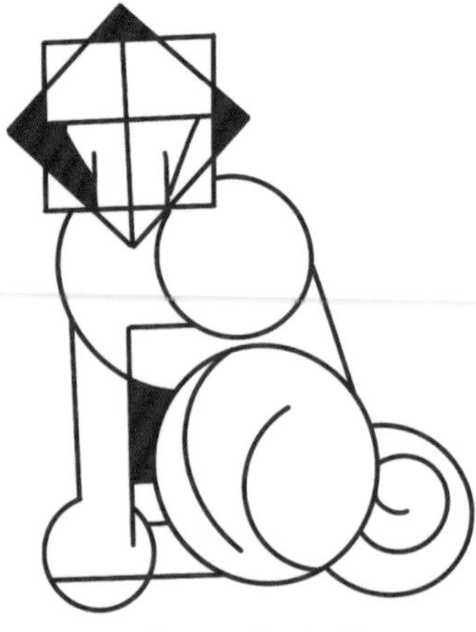

《北斋漫画》中的图例

“日本主义”

1867 年，巴黎世界博览会展出了大量来自日本的浮世绘、漆器、乐器、陶器，几乎立刻在欧洲掀起了“日本狂热”。展品被抢购一空，这让江户幕府不得不增加供应。对许多西方人来说，这些来自东方的工艺品和绘画可以满足他们对异国文化的浪漫想象；而对另一些西方艺术家来说，**它们则代表了西方艺术变革的一种可能性。**

评论家菲利普·伯蒂为这种狂热专门发明了一个词——“日本主义”。

西方艺术家从浮世绘里学到了什么？

凡·高 向日葵 约1888年
现藏于英国国家美术馆

色彩 浮世绘普遍使用的鲜艳的色彩和简洁的大色块，让西方艺术家们印象深刻。习惯了在画室中模拟明暗对比效果的西方艺术家突然发现，日光之下的自然之景应该是像浮世绘那样色彩丰富又纯粹，没有阴影的。

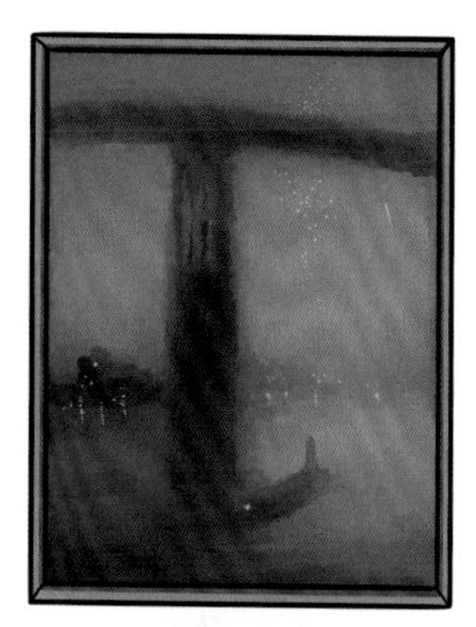
詹姆斯·惠斯勒
蓝色和银色的夜曲：老巴特西桥
约1872—1875年
现藏于英国泰特美术馆

构图 在西方艺术家们看来，浮世绘里有许多反传统的构图方式。比如，有些画面边缘的人物会干脆被截断；有些绘画的主体根本不在画面的中心；有些画家会从意想不到的角度展现绘画的对象。这样，画面不再像是一个特意搭建好的完整的舞台，更像是人对自然的不经意一瞥，充满独特的动人之处。

题材 浮世绘画家也画神鬼奇谈，但对他们来说，神鬼不是最高级别的题材。日常生活（浮世）的一切才是他们想要捕捉的——自然风景以及在其中活动的人们。

19世纪的西方艺术家们获得了启发。
他们准备用一种新风格打破当时艺术界死气沉沉的状况。
不过，他们面对的敌人非常强大。

画出来了以后，在哪里才能被人看到？

——让人又爱又恨的敌人：巴黎沙龙

我是 1865 年巴黎的一个无名画家。**我要怎么样才能让人看到我的画？**

没名气·没钱·年龄不小了

在 19 世纪的巴黎，女艺术家的艺术生涯比男艺术家要面临更多的阻碍，因为大部分的艺术学校是不对女性开放的，尤其是有名的、培养了许多艺术大师的巴黎国立高等美术学院。另外，如果女性想要到卢浮宫观摩画作，也需要伙伴陪同，因为女性不能独自出现在公众场合。

不过，聪明的女艺术家们自有对策。女性可以向警察申请“男装许可”，通过女扮男装，就可以获得更多的行动自由。比如，伊丽莎白·加德纳就曾穿着男装进裸体写生课教室；罗莎·博纳尔为了画作《马市》的写生工作，也申请了男装许可，得以长期在户外写生。

1. 邀请别人来自己的画室看画

2. 在商业画廊办展

3. 参加世界博览会

1855 年，首届法国世界博览会展出了来自 29 个不同国家的画家的作品，吸引了 500 多万观众。但是它的评委会也相当严格——著名画家库尔贝、塞尚和卡萨特都被世界博览会拒绝过。

4. 更多人的选择是——参加沙龙！

历史悠久！官方认可！
观众百万！几乎每年都举办！

参观沙龙

·巴黎沙龙·

1667 年，法兰西国立雕塑与绘画学院举办了第一次沙龙展览。从那时起，沙龙就渐渐成了“官方认可”的艺术舞台。

收藏家和艺术经纪人会从沙龙上发掘新的艺术家，媒体会对沙龙进行连篇累牍的报道，民众也会直接从沙龙上买画。因此，获得沙龙的认可对艺术家来说极其重要。

沙龙也在维护着学院派品位的绝对地位——也就是说，委员会更推崇历史画题材、精雕细琢的绘画风格以及强烈的明暗对比，对这一标准的刻板执行，把许多想尝试新画法的艺术家挡在了门外。

落选者沙龙 嘲讽“金字塔尖上的”历史画——《草地上的午餐》

1863 年的沙龙评审委员会拒绝了 3000 多件作品，当时的皇帝拿破仑三世为了安抚不满的艺术家，宣布他们的画也可以在卢浮宫别处展览，这就是**“落选者沙龙”**。在落选者沙龙里，爱德华 · 马奈的《草地上的午餐》成了被嘲笑的焦点。《草地上的午餐》虽然用了**“金字塔尖上的”历史画常见的**人物组合——衣冠楚楚的男人和一丝不挂的女人，但他们却没有神话中的身份。**他们穿着当代巴黎人的服装，好像在现实生活中裸奔**。画中女人还直视着观众，仿佛在说：“我也知道你们觉得这很不合适。”

为什么会觉得不合适呢？作家埃米尔 · 左拉评论这幅画时回忆，“卢浮宫至少有 50 幅画是穿衣服的人和裸体的人组合在一起的作品”，却从来没有人觉得画面不合适。**马奈用一幅画让学院派推崇的作品显得荒诞了起来**。还有看起来潦草的笔触、不符合“近大远小”规则的女人……这些细节都**有意冒犯了学院派推崇的标准**。

大部分评论家讨厌这幅《草地上的午餐》。有人说马奈的画“下流”，有人认为马奈该多在人体上下功夫。而马奈却自豪地说：“我认为这幅画值 25000 法郎。”

在艺术家和评论家的矛盾之中，我们看到了——

印象主义的萌芽。

艺术家和评论家，谁的意见更值钱？

——艺术家以一分钱不到的优势胜出

1877 年，评论家约翰·拉斯金在一次当代艺术展中看到了詹姆斯·惠斯勒的《黑色和金色的夜曲：降落的烟火》。在这幅据说是描绘伦敦克雷默恩花园夜景的画当中，景物模糊不清，游人影影绰绰，而描绘烟火的颜料竟然像随手泼上去的一样。拉斯金写下评论说，惠斯勒是一个大骗子。在这之后，惠斯勒很快以诽谤罪将拉斯金告上法庭，并要求其赔偿精神损失费 1000 镑。

艺术家和评论家，谁才对艺术品有最终的评判权？这次艺术史中的标志性庭审给出了一个答案，虽然也许不是最终答案。

詹姆斯·惠斯勒
黑色和金色的夜曲：降落的烟火
1877 年 现藏于美国底特律美术馆

大骗子！这种简直就是往公众脸上泼一大桶颜料的画，竟敢标价 200 几尼 * ！

约翰·拉斯金
（1819—1900 年）
英国维多利亚时代最重要的**艺术评论家**之一。此次庭审的**被告**（未出庭）。

告你诽谤哟！

詹姆斯·惠斯勒
（1834—1903 年）
画家
此次庭审的**原告**。

我来为评论家辩护！

约翰·霍尔克 爵士
（1828—1882 年）
此次庭审的**被告律师**。

* “几尼”（guinea）
19 世纪在英国流通的货币单位，当时一个普通砖石匠一个月的工资是 1.25 几尼。

第一回合：如何给艺术品定价？

您花了多长时间完成这幅画？

哦，大概一天吧。如果第二天颜料没干，我可能又加了几笔～

您认为两天的劳动，就能卖 200 几尼！？

不，我一生所学的知识值这么多钱。

第二回合：艺术家一定要“画得像”吗？

《黑色和金色的夜曲：降落的烟火》画的是克雷默恩花园夜晚的烟火。我希望在这里展现的是一种**色彩的和谐，而不是图像的精确**。这是一件**艺术作品**。

您能让**我**看出来这幅画美在哪儿吗？

不，让您看出来这幅画美在哪儿，就像让音乐家对着听障人士弹琴一样。

第三回合：对一幅画来说最重要的是什么？

惠斯勒描绘伦敦的画《蓝色和银色的夜曲：老巴特西桥》和提香的画作《安德烈·古利提的肖像》* 的照片被作为证据呈堂。

*《安德烈·古利提的肖像》的实际作者为意大利画家文森佐·卡泰纳，当时这一画作被误认为是提香的作品。

平心而论，惠斯勒的画色彩和气氛很美。但是，对能被称为艺术品的画来说，最重要的一定是**构图和细节**。显然，《蓝色和银色的夜曲：老巴特西桥》没有任何构图和细节可言。

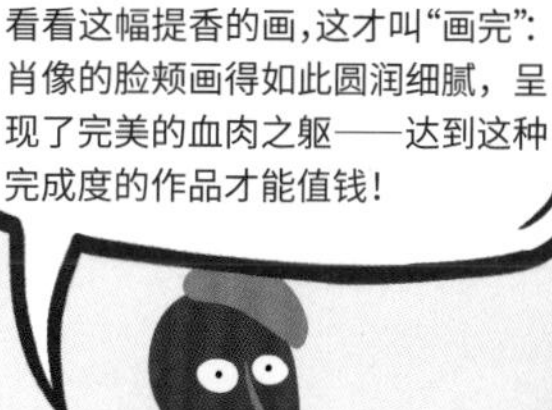

提香
安德烈·古利提的肖像

詹姆斯·惠斯勒
蓝色和银色的夜曲：
老巴特西桥

被告证人
画家
爱德华·波恩·琼斯

我同意一幅画在画完以后才能展出。

但是对我来说，“画完”就是**艺术家**认为不需要再加上任何一笔了。

我画完了《黑色和金色的夜曲：降落的烟火》。**我**认为一笔都不需要再加了。

第四回合：艺术家和评论家的意见，谁的更重要？

拿《蓝色和银色的夜曲：老巴特西桥》来说，您画的……是桥？如果说桥上那些糊成一团的东西是行人和马车的话，他们能从这座桥上下来吗？

如果您不想被人称为一个大骗子的话，就不要公开展出这类作品了。拉斯金先生的评论不是诽谤。我们需要评论家告诉我们，什么是美的，什么是不美的！

艺术家的作品总是被那些完全没有参与过创作的人解释，也没有人问问艺术家的意见。

我相信：2 加 2 永远等于 4，即使严肃评论家说它等于 5。在不久的将来，**艺术家对画作的判断才是认证杰作的唯一标准。**

法官的判决

惠斯勒赢了，但是从某种程度上说却是一个悲惨的胜利——法官仅仅要求拉斯金赔偿他 1 法新（当时的英国货币，相当 1 镑的 1/960）。为了支付昂贵的律师费和其他债务，惠斯勒还卖掉了伦敦的房子。

这场**里程碑式的庭审**提出了许多问题，这些问题在历史当中仍然一遍一遍地被人问起，又有不同的人尝试用自己的方式做出了回答。这场庭审的关键意义是告诉了公众——**艺术家个人的意见有多么重要**。艺术家可以凭借出色的技巧和对自然的观察，动摇艺术评判规则，就算他画的东西根本“不像”，仅仅是一种“印象”。

此时，印象主义已经开始悄悄地在艺术史中萌芽了。

当一个“现代生活的画家”吧！

夏尔·皮埃尔·波德莱尔
（1821—1867 年）
法国诗人，代表作包括
《恶之花》
《巴黎的忧郁》

19 世纪晚期，巴黎沙龙和它所代表的“官方品位”已经不再是许多人心目中判断好作品的唯一标准。法国作家夏尔·波德莱尔正是厌倦了沙龙的其中一位，据此，他写了一篇具有划时代意义的文章《现代生活的画家》。

波德莱尔认为，时下艺术界存在一种无聊的仿古现象：无论绘画什么题材，都一概使用古典时期的服装和姿态，因此显得陈旧、不自然、缺乏想象力。

对波德莱尔来说，“美”应该包含“永恒”和“现代性”。艺术家的工作不是模仿过去，而是表达专属于他这个时代的神态、姿势、服装、激情和道德，并从中挖掘那些拥有永恒魅力的时刻。

艺术家们需要离开画室，走到生活中，走到人群中去，以天真孩童般的眼光观察每一件我们习以为常的事物——它可能是睡莲、苦艾酒瓶子、火车站，以及那些在历史中没有名字却依然鲜活的人。

在这些事物中，存在不朽的美。

能找到这种美的，就是“现代生活的画家”！

美 = 永恒 + 现代性

一起外出吧！画家们！

现代生活的画家们出发了，去寻找属于他们的目的地。有些人走进了他们日常熟悉的咖啡馆、洗衣店、剧场，还有一些人搭着第一次工业革命带来的小火车，来到了风景优美的法国乡村。*

* 女艺术家们同样享受了外出的乐趣，即使写生会使她们显得有点不修边幅。贝尔特·莫里索就曾经写信抱怨自己的丈夫不喜欢她去写生，因为这会把她的头发弄乱。

美 ≠ 复刻现实

19 世纪，摄影术的发明让更多艺术家开始尝试用另一种方式描绘现代生活。很多人曾经相信，艺术的最高成就在于精确描绘神创造的现实世界——现在，照相机可以比画笔做得更精确。波德莱尔在一篇批评文章中记载了拥护摄影的评论："既然摄影就能够提供给我们所有想要的准确性，那么艺术就是摄影。"

穷尽技巧去复刻现实，对画家来说已经显得不那么吸引人了。于是画家们开始运用自己对现代生活的观察，呈现他们所见到的、摄影机无法呈现的独特的美。

现代生活的画家们的工具

便携颜料管

1841 年，约翰·兰德（John Rand）发明了可以折叠的金属颜料管并申请了专利，这一发明给更多喜欢在户外写生的画家提供了便利。在此之前，画家们携带的颜料是用猪膀胱装的，到户外后刺破一个小洞将颜料挤出来使用，但是猪膀胱刺破后颜料就不好保存了；或者用玻璃管装颜料，但是玻璃管易碎。兰德发明的颜料管方便携带，使用后可以立即封存，颜料也可以保存更长时间。

印象派画家雷诺阿在一封信里曾经写道："如果没有装在管子里的颜料，就不会有塞尚、莫奈、毕沙罗，也不会有印象派。"

便携画箱

同样在 19 世纪，便携画箱出现了。一个便携画箱里可以容纳可伸缩画架和调色盘、颜料，让画家可以更轻松地在户外长时间写生。

“印象派”的诞生

除了户外写生，画家们还喜欢去咖啡馆聚会。在那里，他们可以讨论对艺术的看法，观察来来往往的客人，这些人也是现代生活的一部分（当然，画家们可能也是被观察的对象）。

他们当中……

有人画芭蕾舞女。

有人画母亲温柔地看着摇篮中的孩子。

还有人画人群中纵情舞蹈的情侣。

他们把有些画作里的绘画对象故意不放在画面中心，看起来像是无意中瞥到的现代生活的一瞬。

还有许多画作并不遮掩笔触。那些看似潦草的涂抹，捕捉了画家在户外观察到的光线变化。

但是，当这些画家们在联展上展出他们的作品时，却引起了广泛争议。莫奈的《日出·印象》首当其冲。莫奈描绘了法国勒阿弗尔港口的日出，呈现那个时刻微妙的光线变化，但是观众却觉得它看起来像草图。

评论家路易斯·勒罗伊从《日出·印象》这里得到灵感，把这些画家们叫作“印象派”。这个蔑称很快流传开来，连喜欢他们的评论家都开始使用，直到今天。

也许因为这个名字抓住了联展画家们的一些共同点：都想要抓住现代生活中的某一瞬间，这个瞬间来自他们走出画室后，在写生中观察到的印象。这些印象是如此明亮、动人，哪怕在一百多年后，也仿佛能让人看到艺术家们走出画室后，被生活本身的丰富击中的那个时刻。

Berthe 贝尔特·莫里索 *Morisot*

用光表现光

第一位参加印象派联展的女画家
用油画画出水彩的透明轻盈

用 15 年时间在画里“晒女儿”
将印象主义发挥到极致

好友们
埃德加·德加
（1834—1917年）
著名画家
德加叔叔是妈妈的好朋友，他们一起举办了印象派联展。但是，比起喜欢表现光线的妈妈，德加叔叔更喜欢描绘不同的人物姿态。
皮埃尔·奥古斯特·雷诺阿
（1841—1919年）
印象派画家
雷诺阿叔叔也是妈妈的好朋友，他们一起参加了印象派联展。雷诺阿叔叔画里的女性既庞人又有一种仿佛云山雾罩的美，就像远古天神一样。我偶尔也会当叔叔的模特。叔叔还画过我的猫！
玛丽·卡萨特
（1844—1926年）
著名画家
卡萨特阿姨是美国人，但是从穿着打扮到口音都像巴黎人。她认识很多美国的收藏家，还帮忙把妈妈的画带到了美国去展览。从那之后，妈妈的画就贵了很多倍。
家人们
兄弟
爱德华·马奈
（1832—1883年）
著名画家
这是我的大伯。他画了《草地上的午餐》，吸引了两万人来观看，不过很多人是为了骂他而来的。我们都知道他会是一位青史留名的画家。
尤金·马奈
（1833—1892年）
画家
这是我爸爸。妈妈曾经犹豫要不要结婚，因为她觉得如果找不到一个真正能理解她对生活的追求，让她不需要放弃绘画的灵魂伴侣，就没有结婚的必要。还好，她找到了爸爸。
夫妻
贝尔特·莫里索
（1841—1895年）
印象派画家
如果你曾经在聚会上见过我妈妈，你可能会以为她是一个害羞的人。她总是穿着一身黑裙，寡言少语，和人保持着礼貌的距离，有人说她是个“冰山美人”。但你见过她的画后就不会这样认为了，她的笔刷细腻又充满力量，用大胆的方式在纸上描绘光线，传达出来的却是一种极其温暖的氛围。她用了15年时间来画我和我们的家。她的画会让你懂得爱。
我是朱莉·马奈。
因为妈妈平时是个发言谨慎的人，所以她的故事还是由我来讲吧。
朱莉·马奈
（1878—1966年）
贝尔特·莫里索在世界上最爱的人。

莫里索的画里充满光也充满温柔

妈妈让传统的肖像画和风景画走出了幽暗的画室，也让光照进了现代艺术。她和她的印象派朋友们推崇“外光主义”（Plein Air），也就是在户外写生，捕捉更多自然光的变化。

妈妈能够发现日常生活中最不起眼的瞬间，用充满光的方式把这个瞬间呈现出来，永远给人一种特殊的、历久弥新的感觉。尤其是那些粗粝的笔触，没有经过柔和处理的部分，让人感觉这个瞬间是刚被定格下来的，颜料未干，仍然能看见粗糙的凸起，光在一百年后看起来也是一样的。

我们总是待在一起，直到妈妈去世。她用尽所有的力量和温柔来记录我的成长，仿佛知道自己不会陪伴我太久。*

* 本句译自朱莉·马奈的信。

朱莉 5 岁

朱莉 3 岁

朱莉 4 岁

真想看看你 18 岁的样子。

朱莉 6 岁

朱莉 12 岁
朱莉 9 岁
朱莉 10 岁
朱莉 8 岁
朱莉 15 岁
朱莉 7 岁
朱莉 11 岁

我的妈妈贝尔特·莫里索

——将印象派坚持到极致的人

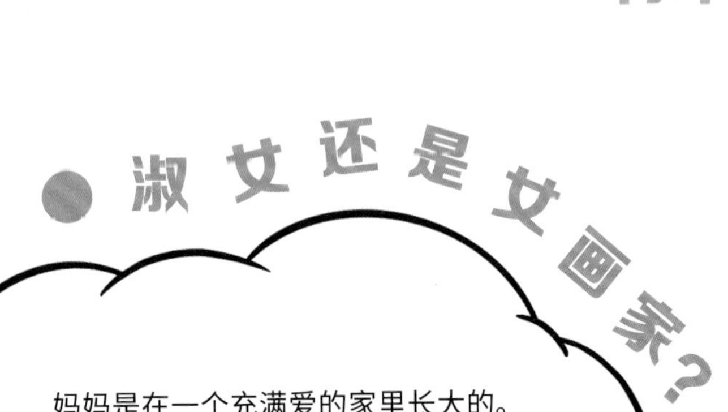

淑女还是女画家？

妈妈是在一个充满爱的家里长大的。在她 16 岁时，外婆希望她和姐妹们能送一幅亲手画的画给外公，于是给她们请了家庭艺术教师。妈妈很快喜欢上了画画，希望能继续学习。

淑女
VS
女画家

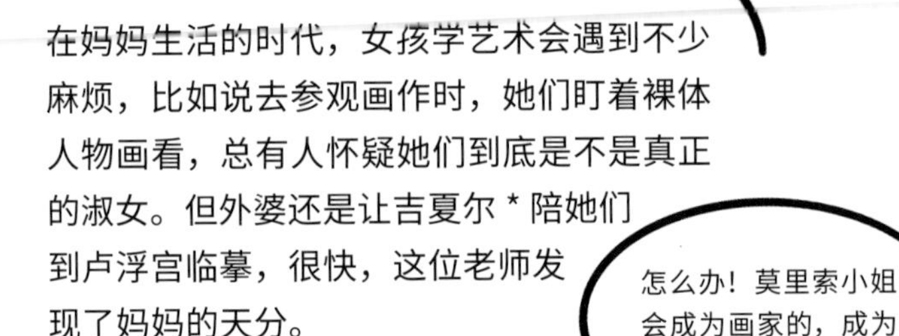

在妈妈生活的时代，女孩学艺术会遇到不少麻烦，比如说去参观画作时，她们盯着裸体人物画看，总有人怀疑她们到底是不是真正的淑女。但外婆还是让吉夏尔 * 陪她们到卢浮宫临摹，很快，这位老师发现了妈妈的天分。

他警告说：“她会成为真正的画家，但对你们这个阶层的家庭来说，这可能会是一个灾难！”外婆没有理他。

怎么办！莫里索小姐会成为画家的，成为画家就不能做淑女了。

约瑟夫·吉夏尔
（1806—1880年）

* 外婆给妈妈找的第二任绘画老师。他总喜欢警告妈妈，我叫他“警告老师”。

艺术界淑女和粗俗的疯子

妈妈没有理会反对的声音，申请了在卢浮宫写生的许可，继续专心画画。在那里，她遇到了 19 世纪最优秀的抒情风景画家——巴比松画派 * 的卡密尔·柯罗。柯罗成了她的老师，并鼓励她到户外写生，在自然风景中寻找汹涌的情感。

妈妈乘坐小火车到巴黎周边的小镇，发掘了许多写生地点，后来这些地方因为印象派更多画家的到来而声名大噪（莫奈叔叔就在诺曼底画了不少干草堆）。**在 23 岁时，妈妈的两幅风景画被沙龙选中，这在当时的女画家中几乎是史无前例的。**

有评论家说，妈妈让他们看到一个人可以成为画家，同时还是一位令人尊敬的淑女。

在卢浮宫，妈妈还遇到了爱德华·马奈，也就是我未来的大伯。

比起在沙龙中备受认可的妈妈，大伯当时可是一个饱受争议的人物。他的《草地上的午餐》受到抨击以后，在 1865 年的沙龙上，他又提交了《奥林匹亚》，用粗糙、潦草的笔触描绘了一个平凡女子，摆着维纳斯女神的姿势，做出一副挑衅的模样，再一次挑战了历史画传统，被观众认为粗俗不堪。

爱德华·马奈
奥林匹亚
1863 年
现藏于法国巴黎奥赛美术馆

*1830—1870 年，一些法国画家走出画室，来到枫丹白露森林边缘的巴比松镇，在露天作画，描绘这里的风景和人，被称为巴比松画派，也被认为是印象派的先驱。

巴黎沙龙是个看脸的地方

* 莫里索入选沙龙的作品挂在高高的天花板上，参观的人基本上看不清。

我的作品挂在沙龙很高的地方，眼神好的就来看看吧。

妈妈并不在意这些评价，她坚定地认为大伯是一个好画家，还给大伯做模特。大伯一生中画了 11 幅妈妈的肖像，其中许多都成了名留青史的经典。不过，这些画却给妈妈带来了一些困扰。

我可能忘了说，妈妈是一位远近闻名的大美人，但是她总是保持低调。有一次，大伯向沙龙提交《憩息》（躺在沙发上休息的妈妈的肖像），并对妈妈保证说，别人不会认出来画里的匿名模特是谁的。结果《憩息》入选沙龙后，人人都认出了她，还说她看起来疲倦、冷淡，从服装到性格都乱七八糟，不像个淑女。

还有一次，大伯在一幅虚构的画《阳台》里又画了妈妈：三个人在阳台上，却毫无互动，就像三个木头人一样。这幅画尺寸巨大，挂在墙上极其抢眼，美丽的妈妈自然又吸引了评论家批评的目光，还有人因此叫她“蛇蝎美人”。可是，妈妈自己入选沙龙的画却被挂在了天花板上，很多人甚至都没有抬头看一眼。

在沙龙里，妈妈的脸被品头论足，她的作品却无人问津，我觉得这是一件讽刺的事。

爱德华·马奈
憩息
1871 年
现藏于美国罗德岛设计学院美术馆

爱德华·马奈
阳台
1868—1869 年
现藏于法国巴黎奥赛美术馆

逃离沙龙！

通过大伯，妈妈认识了雷诺阿叔叔和莫奈叔叔，并且在绘画理念上一拍即合。他们以一种“反常规”的方式在画里记录巴黎优美的城市生活和乡村美景——用快速的笔触记录生活的一瞬，留下这一瞬的光线、色彩和人，颜料的处理不再柔和，甚至从画布上凸起，每一笔都清晰可见。

贝尔特·莫里索
摇篮
1872 年
现藏于法国巴黎奥赛美术馆

1874 年，他们举行了第一次联合展览，从此获得了“印象派”的蔑称。批评家说，妈妈这一群人都是疯子。

妈妈展出的画里有一幅叫《摇篮》，画的是小姨爱德玛照顾婴儿的场景。这幅画已经存世一百多年了，可它仍然像正在进行一样。看似潦草的笔触，却勾勒出了母亲充满关切的眼神，以及对孩子的爱。爱德玛和妈妈一起学习画画，却没再继续下去——她结婚了，离开了巴黎。但是此情此景，她的温柔被留在了这里。

希望获得沙龙认可的大伯没有参加印象派联展。后来，雷诺阿叔叔、莫奈叔叔也想给沙龙投稿，纷纷退出了印象派联展，但妈妈留了下来。在饱受批评的日子里，她遇到了爸爸。除了生下我的那一年，**她没有缺席过任何一次印象派联展，一直坚持和固有的标准战斗，直到印象派最终解散。**

莫里索小姐，您竟然和艺术界疯子们混在一起，要知道“近墨者黑”啊！

“警告老师”

定格现代生活的瞬间

妈妈的老师曾经警告她：“你想要用油画颜料去做水彩颜料才能做到的事，这是不可能的。”

《现代生活的画家》里只称赞了一位画家——康斯坦丁·居伊，说他定格了在巴黎生活的瞬间中不朽的美，而他就是一位水彩画家。水彩颜料干得更快，画面更轻薄，是呈现“瞬间感”最适合的媒介。

而妈妈用油画颜料实现了这种**轻盈的“瞬间感”**。

在她的画中，人物总是浸润在细碎的光里。古典画家需要用明暗对比来描绘人，但是妈妈却用光来描绘人。自从我出生后，妈妈最喜欢画的对象就是我。在她的画里，你不止能够看到一个小小的我，还能看到我家里或者某个野外的午后，光洒在我们的身上，空气中氤氲的甜蜜的感觉。妈妈把印象主义的本质画到了极致，仅用疏落几笔，就能定格一个易逝的现代生活的瞬间，让它如此轻盈、透明、永恒。

作家乔治·摩尔这样评价妈妈：**“如果抹去莫里索的画，艺术史上就会留下一个无法弥补的裂缝，一个虚空。”**

贝尔特·莫里索 窗边的年轻女孩 1878 年
现藏于法国蒙彼利埃法布尔博物馆

贝尔特·莫里索 尤金·马奈在怀特岛 1875 年
现藏于法国巴黎玛摩丹美术馆

妈妈没有离开

其实，我不是很在乎艺术史上的裂缝。妈妈在我 16 岁时突然去世，这在我们心里留下的才是无法弥补的裂缝。

妈妈给我留下了一封信。

她去世之前考虑到了每一个人。把她的遗物给雷诺阿叔叔、莫奈叔叔作为留念，包括两位门房的礼物也都安排好了。

她还叮嘱道：“告诉德加，如果他要开一间博物馆的话，一定要收藏马奈的画啊。”

至于我，她说的是：“我弥留之际仍然爱你，我死了以后也还会爱你。我恳求你，一定不要哭，我们的分离是不可避免的。在你小小的生活里，你从来没有一分钟让我伤心过。”

我讲完了妈妈的故事，可我觉得她的画还在替她继续活着。**如果说妈妈在现代生活的瞬间中定格了什么的话，我认为是永远不会消失的、温柔的爱。**

彩蛋：妈妈在这张画里加了她自己的肖像，算是我们的合照。

贝尔特·莫里索 朱莉拉小提琴 1893 年
私人收藏

Mary Cassatt

玛丽·卡萨特

艺术史上
第一个
“现代女人”

现代圣母画开创者

巴黎社交名人

美国博物馆藏品系统推动者

“现代女性”先驱

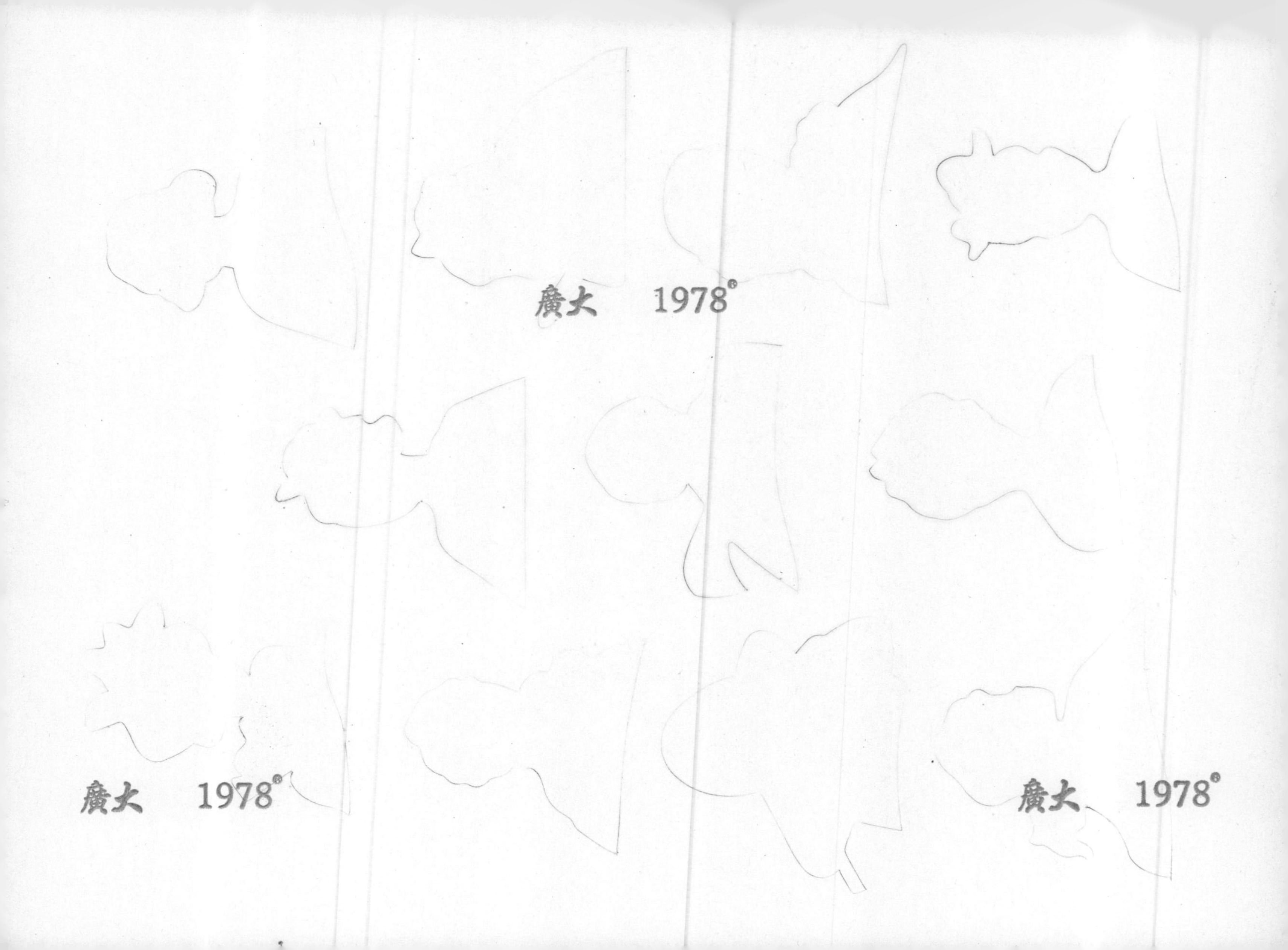
廣大 1978®
廣大 1978®
廣大 1978®

在艺术史的进程中，
女艺术家从未缺席。
试着把她们贴到封面上！

廣大 1978®

艺术家都有社交恐惧症？

艺术界朋友人家

埃德加·德加
（1834—1917 年）

画家

被艺术史归入印象派，但他却坚持认为自己不是印象派画家。

贝尔特·莫里索
（1841—1895 年）

印象派画家

保罗·杜兰－鲁埃
（1831—1922 年）

艺术经销商

印象派背后最大的支持者之一，购买了大量印象派画作并努力在美法两国推销它们。卡萨特和他一起说服了更多的藏家购买印象派画作，他也为卡萨特办过多次展览。

二嫂·二哥·侄子

第十五任美国总统侄女。

和家族中的许多孩子一样，他也是卡萨特画里的模特，只是表情常常管理不好。

曾担任美国宾夕法尼亚铁路公司（20 世纪美国最大的铁路公司）董事长。

大姐 / 莉迪亚·卡萨特
（1837—1882 年）

玛丽·卡萨特的画中最常出现的人。

收藏家

詹姆斯·斯蒂尔曼
（1850—1918 年）
美国花旗银行总裁

约翰·洛克菲勒
（1839—1937 年）

美国“标准石油”创办人，**世界上第一位亿万富翁。**

路易斯·哈维迈耶
（1855—1929 年）

实业家

卡萨特密友，在卡萨特的帮助下收藏欧洲古老的杰作和新兴印象派画作，死后捐出将近 **2000** 幅画给**美国纽约大都会艺术博物馆**，丰富了当地藏品系统。

伯莎·帕尔默
（1849—1918 年）

实业家

伯莎和丈夫波特·帕尔默在卡萨特的介绍下收藏了大量印象派画作，目前帕尔默家的大部分藏品都在**芝加哥艺术博物馆**。伯莎还邀请卡萨特为芝加哥世界博览会绘画了壁画《现代女人》。

每一个人在卡萨特笔下都是放松的

卡萨特选择不再追随学院派推崇的绘画标准，放弃幽暗背景和单一光源，去描绘她亲切的家人和朋友。不管是先锋艺术家、铁路大亨还是无名之辈，在她的画里都不需要再表演自己的社会身份，放松下来，呈现**最自然的状态**。

除了呈现日常生活的图谱，她有时候还会在画里加入生活中常见的、却具有隐喻性的装饰——比如将一面镜子安排在母亲与孩子身后，仿佛神圣光环，让母子也好似圣母和圣婴；或是将一棵树安排在采摘果实的女人身旁，而树正好象征伊甸园里的知识树，这个无名女人一下子就好似成了最高知识的拥有者。

日常生活中的人，也可以拥有神话般的美。

如果把卡萨特的画作摆在一起，就好像是一个**温暖的大家庭在聚会**，而你还会惊讶于她呈现的日常生活的多样性：女人在阅读、饮茶、看戏、休息、聊天、照顾孩子、创作音乐和艺术，同时也不耽误她们追求理想。

玛丽·卡萨特的82年人生

现代女性挑战不可能的旅程

学院不收女学生

但我也能推开“学院派”的门

卡萨特心仪的学校是巴黎国立高等美术学院，那里曾经培养了许多艺术大师，包括德拉克洛瓦、莫奈和徐悲鸿。可惜的是，当时却**不接收女学生。*** 于是，卡萨特在私人教师的帮助下开始了系统的绘画训练。

很快，卡萨特就成了法国艺术界的新星：24 岁时，她的作品《曼陀林演奏者》第一次入选沙龙；此后，她屡战屡胜，几乎每年都有作品在沙龙亮相；截至 1875 年，**她共有 6 幅作品入选沙龙。**

原来卡萨特可以沿着学院派的路子走下去，但是她却没有。

* 小时候，卡萨特的家人带她去博物馆看画，对她说：“你以后要画得和大师们一样好哦！”

卡萨特却说：“我想要画得比大师们都要好！”

* 巴黎国立高等美术学院直到 1893 年才开始接受女学生的入学申请，而直到 1903 年才收了第一个女学生。

稳定收入 VS 先锋艺术

我选先锋的“印象派”！

1875 年，卡萨特的一幅画被沙龙拒绝了。第二年，她把被拒绝的画的背景颜色加深，重新提交，就被沙龙选中了。**她因此觉得学院派的评判标准是刻板且可笑的。**

后来，她遇到了知音——埃德加·德加。他们常常结伴到卢浮宫观摩画作，观察街上购买女帽的顾客，并且达成了一个绘画创作共识——**要在转瞬即逝的时间之中，定格人物的姿态。**

德加热情邀请卡萨特加入“印象派”（即使他们当时被视为一群离经叛道的混混），卡萨特毫不犹豫地放弃了自己在沙龙里的前途，在 1879 年第四次印象派联展中登场。在那次联展中，卡萨特的画变得更明亮，衣物都用大块色块代替，让人物一瞬间的姿态显得更为生动。

玛丽·卡萨特
曼陀林演奏者
1868 年
私人收藏
卡萨特学院派时期代表作

玛丽·卡萨特
蓝色扶手椅里的女孩
1878 年
现藏于美国华盛顿国家美术馆
卡萨特印象派时期代表作

“**真正生动的人都在日常生活里！**”

埃德加·德加

学院派

“没有欧洲人可以画成这样。”

“我可以！”

19世纪中叶，欧洲兴起了日本版画的收藏热潮。日本版画中简洁有力的线条、大胆的色彩和构图、生动的人物姿态，给印象派画家提供了丰富的灵感——莫奈、德加、莫里索、卡萨特都从日本版画中吸收了新的创作方式。艺术评论家菲利普·伯蒂把这种喜爱叫作“**日本主义**”。

1890 年，卡萨特和伯蒂一起去看一个日本版画展。伯蒂说：“没有欧洲人可以画得这么好。”卡萨特却说：“我可以！”

卡萨特在日本版画中吸收了流畅的线条，画了十幅画，描绘的都是极少出现在油画中的女性生活场景：洗脸、梳头、写信、试装、闲聊……画面有一种奇异的宁静感，让这些微小的时刻显得极为重要。后来的艺术史学家称这些画为“**伟大的十幅**”。

葛饰北斋 神奈川冲浪里
1831 年 浮世绘

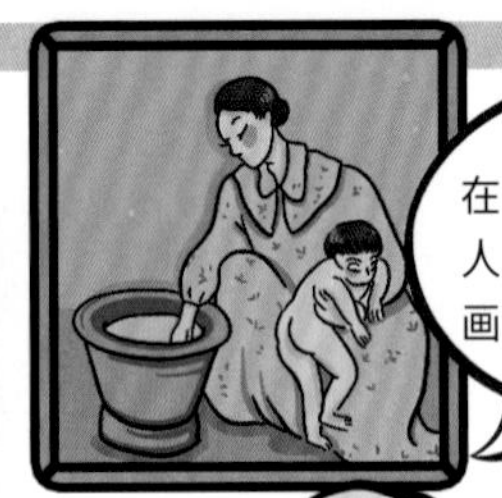

玛丽卡萨特 “伟大的十幅”（部分）
1890—1891 年

别人说我学德加？

我有自己独一无二的风格！

在艺术史中，许多评论家似乎不习惯女艺术家横空出世。他们通常会将女艺术家和她们身边的男性进行比较，卡萨特也未能幸免：很多人认为她只是德加的学生，对日常生活的关注、对日本版画的欣赏无不受德加的影响。

卡萨特从19世纪80年代开始画“母亲与孩子”主题后，这些批评的声音便渐渐消失了。

作为一位现代生活的画家，卡萨特发现，自己身边的亲人和朋友就是无限的宝藏，尤其是母亲和孩子之间亲密无间的互动，成了她创作的灵感源泉。

卡萨特定格了独一无二的瞬间：母亲和孩子在相处中的神圣时刻。她画的姿态如此亲切、自然，超越了某个具体的时代，仿佛神话中就有这样的画面。评论家认为卡萨特的画就像圣母子相处的场景，因此有人把这些画叫作**“现代圣母画”**。

玛丽·卡萨特
孩子沐浴
1893年
现藏于美国芝加哥艺术博物馆

玛丽·卡萨特
亚历山大·卡萨特先生
和他的儿子罗伯特的肖像画
1884年
现藏于美国费城艺术博物馆

不情愿坐着被画的孩子、一本正经的大人，人物细微的表情总是可以被卡萨特捕捉到。

玛丽·卡萨特
童车中的蓝衣婴儿
1881年
现藏于瑞士巴登朗马特博物馆

卡萨特描绘的婴儿肌肤和姿态栩栩如生。

玛丽·卡萨特
母与子
约1899年
现藏于美国大都会艺术博物馆

卡萨特描绘的母子相处的场景虽然看起来非常日常，却充满神性。

这是19世纪最好的一幅画！

埃德加·德加

如何让更多人认可新兴印象派艺术？

先让有钱人买！

卡萨特家境殷实、交友广泛，又是有名的艺术家，许多美国收藏家购买画作时，都会听取她的意见。卡萨特向收藏家介绍欧洲古老的杰作和新兴印象派艺术，鼓励他们购买并捐给博物馆——她的朋友路易斯·哈维迈耶死后就捐出了将近 2000 幅画给美国纽约大都会艺术博物馆。卡萨特希望像她一样喜爱艺术的年轻人不需要再漂洋过海，**在当地博物馆就能学习到连贯的艺术史**。

同时，卡萨特还资助保罗·杜兰 - 鲁埃，把印象派展览开到了美国，展览大受欢迎。在美国收藏家中兴起的先锋艺术热，反过来影响了法国人对印象派的态度。在马奈去世后，有美国藏家希望购买《奥林匹亚》，莫奈知道此事后，立刻筹款将这幅画留在了巴黎。此番争夺提醒了法国人——他们可能忽略了身边的国宝。

卡萨特的遗产：

“我相信现代女人没有什么是做不到的！”

1892 年，卡萨特为芝加哥世界博览会画了一幅壁画，描绘了一座她理想中的乐园。乐园的中心是一棵象征着知识的大树，乐园的居民们从大树上采撷知识的果子，围绕着大树追逐玩乐、纵情歌舞。在这幅壁画中，女人不仅可以追求最高的学术成果，还可以追求名气、享受艺术带来的快乐。

卡萨特把这幅壁画取名为《现代女人》。

在大树下，卡萨特特意增加了一个细节：一个女人从树上摘下果子后，递给了在树下等待的小女孩。**卡萨特把现代女性发展的希望，寄托给了在她之后的下一代人。＊**

＊可惜的是，这幅壁画遭到了损毁，没有保存下来，现在我们只能通过黑白照片想象卡萨特为这座女性乐园赋予了什么颜色。

象征名声的天使　　象征知识的树　　和女性伙伴一起享受艺术

兜售印象派
——现代艺术市场的诞生

故事可以先倒回去几百年。瓦萨里在《艺苑名人传》里记述了米开朗琪罗会销毁自己的作品草稿，以免被人发现他的作品未完成的、不完美的时刻。而瓦萨里自己却热衷于收藏艺术家的草稿，认为它们是艺术家天赋的闪光、才华的证明。

19 世纪 60 年代，艺术经纪人保罗·杜兰 - 鲁埃一踏进艺术家西奥多·卢梭的画室，便决定买下他所看见的所有作品，包括草稿。但是，杜兰 - 鲁埃的动机和瓦萨里有点不一样——并非完全出于崇敬，而是出于商业考量。杜兰 - 鲁埃习惯垄断一位艺术家的作品，控制这些作品在市场上出现的时机，以便让它们一直保持某个自己满意的价格和供应量。

杜兰 - 鲁埃推广艺术的商业行为，在现今艺术市场中仍然有人借鉴。

保罗·杜兰 - 鲁埃

讲一个好故事！

杜兰 - 鲁埃最为人称道的贡献是他和玛丽·卡萨特一起将印象派推向美国，并为印象派画家们赢得了国际声誉。漂洋过海之后，艺术经纪人为这些画讲了一个好故事——它们象征一群藐视权威的艺术家们为了打破巴黎沙龙指定的严格标准所做出的努力，而美国观众愿意为这个故事买单。

有时需要制造假象！

杜兰 - 鲁埃有许多手段说服收藏家，他手里这些一文不名的新艺术家的作品是值得购买的。比如他会为艺术家举办个人展览，除了展出自己手头有的画，还会借收藏家已经购买的画，向潜在买主暗示这位艺术家的受欢迎程度。同时，他还会在已经出名的画作展览中插入新兴艺术家的作品，暗示收藏家这些作品属于一种已经被市场证明成功的风格的变体。甚至他还会在拍卖中高价买回自己收藏的画，制造它们十分抢手的假象。

把艺术家打造成一个品牌！

最重要的是，杜兰 - 鲁埃早早就意识到了将艺术家品牌化的重要性。他为自己合作的艺术家举办大量单人展览，把他们从那个画作一直摆到天花板上的沙龙里解救出来，放进一个专属于他们个人风格的空间，让观众能迅速记住他们的特点（卡萨特受日本版画影响创作的“伟大的十幅”就是在杜兰 - 鲁埃为她举办的个展中首次展出的，那些画后来成了她重要的风格名片）。

但是，商业逻辑并非一直与艺术突破并行不悖。

当艺术家想要改变他的标志性风格时，有时候会遭到艺术经纪人的反对。比如，杜兰 - 鲁埃就曾在印象派画家卡米耶·毕沙罗转换风格时中止和他合作。

直到现在，艺术家仍然会遇到这样的问题——画廊、经纪人或是收藏家期待他们**创作某种好辨认的、已得到市场认可的风格，不欢迎他们改变**。更可怕的是，一些因为种种原因没有形成固定风格的艺术家，**可能就因为“不好宣传”而被画廊放弃了**。

无论如何，
杜兰 - 鲁埃和他同时代的巴黎艺术经纪人迈出了重大的一步。
从那时起，决定画作好不好看、是否值钱的人不再只是沙龙的评委。

他们把艺术家推向了一个更广大的、
充满未知和惊奇的现代艺术市场。

女艺术家可能创作出《大卫》吗？

英国作家弗吉尼亚·伍尔夫说，一个女人要写小说，必须要有钱，有自己的房间。这句话对女雕塑家来说同样适用——不但需要钱购买昂贵的材料，为运送材料的船只、协助雕塑的助手付费，还需要面积巨大的工作室，才能存放材料、完成大型订单。在 19 世纪以前，几乎没有女雕塑家能同时拥有这些优越的条件。

米开朗琪罗·博那罗蒂
“文艺复兴三杰”之一

创作《大卫》需要……

解剖学知识

《大卫》最为人称道之处就是米开朗琪罗对人体解剖学的精妙理解，让他创造出了一个巨大的、理想的裸体英雄身躯。但是，女艺术家不被允许使用裸体模特，能掌握解剖学知识的女性少之又少，获得创作男性裸体雕像的订单更是难以想象。

材料

创造《大卫》的材料来自意大利卡拉拉，这个地方出产品质极好的大理石。为了呈现更好的效果，艺术家有时候需要亲自前往采石场挑选材料。然而当时，许多女艺术家甚至都没有独自外出旅行的自由。

工作室和助手

我们并不清楚米开朗琪罗创造《大卫》时使用助手的情况，但是从另一位铸造过《大卫》青铜像的艺术家韦罗基奥的情况中可以看出承接大型订单所需要的条件——他在佛罗伦萨拥有面积巨大的工作室，里面存放各种原材料，还雇佣了大量助手和学徒（达·芬奇也曾是他的学徒）。和男艺术家比起来，女艺术家在工作室里和一大群男助手生活和创作本身就是一种道德挑战。

少数幸运儿

在 19 世纪以前，仅有少数女性由于阶级和出身的优势能在雕塑领域斩获成就，但是她们的声名总是死后就被迅速湮没。

路易莎·罗尔丹
（1652—1706 年）

罗尔丹从父亲那里继承了技艺，是西班牙历史记载中第一位女雕塑家。她塑造的宗教人物像栩栩如生，身上甚至能看到分明的血管。她曾经为宫廷服务，却在贫困中死去，死后迅速被历史遗忘。

安妮·西摩－达默
（1748—1828 年）

达默的祖父是公爵，她的贵族出身让她能从雕塑家朱塞佩·塞拉基那里接受良好的家庭艺术教育。她为泰晤士河的亨利桥制作了桥洞上的浮雕，至今仍在默默地注视每一个在河上行舟的人。

玛丽－安妮·科洛
（1748—1821 年）

科洛是雕塑家埃蒂安·法尔科内的学生和助手，后来嫁给了他的儿子。她曾为彼得大帝塑造头像，被用在彼得大帝最著名的青铜骑士像上，成为圣彼得堡的象征。可惜她在结婚几年后放弃了创作。

历史的转机

从 19 世纪开始，欧洲和美国的一些美术学院陆续向女学生开放，让更多不同阶层的女性得到了教育的机会，即使许多下层阶级女性的求学过程仍然可能困难重重。1859 年，非裔美国人埃德蒙妮亚·刘易斯进入美国俄亥俄州的欧伯林学院，但却因肤色遭到排挤，不得已离开学校，后来到一位废奴主义雕塑家门下学习，最终成为美国历史上第一个非裔职业雕塑家。她以新古典主义雕塑闻名，雕凿的人物都有一种理想化的均衡美感。但她在职业生涯后期越来越不被人注意，最后在伦敦悄悄死去。那时，一种狂热的、浪漫的雕塑风格正在巴黎流行起来。

卡米耶·克洛岱尔
1864—1943 年

Camille Claudel

卡米耶·克洛岱尔

一个想当
雕塑家的女人
有多疯狂？

重新创造了雕塑语言
擅长用雕塑刻画汹涌的激情、
在激情中几乎要融化的人类
以及日常生活中不起眼却珍贵的时刻

改变了艺术史
余生却在精神病院度过

因为材料很贵，所以我只雕刻对我来说重要的人！

卡米耶的许多雕塑是围绕身边的人开始创作的——她的家人、朋友和爱人。但是，因为种种原因他们后来都离开了她。

奥古斯特·罗丹
（1840—1917 年）
雕塑家

罗丹曾经是卡米耶的工作室导师、合作伙伴、情人和最大的对手。他们彼此学习、彼此模仿、做彼此的模特，在他们共同创作的时候，人们甚至很难分辨作品是谁做的。但是，罗丹成了更有名的那一位，而卡米耶的名字总是不得不和他捆绑在一起。

保罗·克洛岱尔
（1868—1955 年）
卡米耶弟弟，诗人，剧作家

卡米耶用雕塑记录了弟弟从一个撅着嘴的儿童，成长为一个蓄胡须、还是撅着嘴的男人的样子。在她对弟弟的刻画里，总有一种一脉相承的孩子气。弟弟对她的感情也许更复杂——他是那个做决定将卡米耶送进精神病院的人，也是那个不遗余力地宣传她的才华，让她的名字流传下去的人。

路易斯·克洛岱尔
（1866—1935 年）
卡米耶妹妹

卡米耶小时候玩陶土时，就常常用妹妹路易斯当模特。在得知姐姐竟然和相差二十四岁的老师恋爱以后，路易斯几乎不再和姐姐说话了。

杰西·利普斯科姆
（1861—1952 年）
卡米耶好友，雕塑家

杰西和卡米耶曾经一起在罗丹的工作室当学徒，卡米耶还曾和杰西一起去杰西的英国老家度假。杰西结婚后放弃了艺术，投入家庭生活，和卡米耶渐行渐远。

并不是伟大、勇敢、悲壮才值得永远流传下去，脆弱、扭曲、不堪同样值得。

卡米耶·克洛岱尔不打算像文艺复兴以来的雕塑家们一样，凿出理想的人体，称他们为神，歌颂某种伟大的精神。

她对那些丧失了神的庄严感的人更感兴趣——那些不理智的人、被巨大的激情控制而显得扭曲、不堪的人。

卡米耶的雕塑《华尔兹》展现了一对无名男女，沉浸在对彼此的依恋中，身体贴在一起，几乎要融为一个人，向一边倾倒、流转，体现的不是理性和秩序，而是纯粹的狂热。

这不像是一个现实中的场景：他们赤身裸体，如果出现在舞会上，也许会被赶出去——当法国艺术部门的督察长检视这件作品时，大概就是这么想的。他要求卡米耶给雕塑穿上衣服。

为了在沙龙展出，卡米耶照做了，但是后来她又用不同的材料重新创造了她想要的《华尔兹》。

赤裸的《华尔兹》成了一种比喻，它指向的不是某一对情侣，而是一种普遍的、灼烧过每一个普通人内心的炽热的情感。这团火焰也终将吞噬卡米耶。

疯子卡米耶

想当雕塑家的女人是疯子

1880 年，住在法国塞纳河畔诺让市的克洛岱尔一家陷入了苦恼中，因为当地有名的雕塑家阿尔弗雷德·布歇发现克洛岱尔家年仅十六岁的女儿卡米耶是个天才，建议他们送她到巴黎上学。

这个家庭并不需要天才少女。在克洛岱尔太太看来，即使卡米耶能用造房子的红陶土捏出几个惟妙惟肖的人头，那也没什么了不起的。她应该为结婚做准备，未来过一种平静而虔诚的生活，而不是做当雕塑家的春秋大梦。这个世界上没有伟大的女雕塑家。淑女们穿着巨大而笨重的裙撑，根本不适合爬上脚手架工作，更没办法整日把自己关在工作室里，任由头发乱糟糟的，对着裸体模特用力凿一块石头，这个画面光是想想就能让克洛岱尔太太这样的保守派晕过去。

幸好，卡米耶坚持说服了他们。1881 年，老克洛岱尔决定：让妻子带着三个孩子去巴黎。在此之后，真正的疯狂才开始。

沉浸于强烈情感中的人是疯子

卡米耶到巴黎后，布歇把她介绍到罗丹的工作室做学徒。卡米耶卓越的天赋让她很快就成了罗丹最重要的合作伙伴（和情人）。罗丹那时正在创作《地狱之门》（著名的《思想者》正是其中沉思的诗人），据说，《地狱之门》中也有以卡米耶为模特的形象。

他们的恋爱几乎没有得到任何人祝福。罗丹大卡米耶二十四岁，还有一位同居女友。虽然他承诺会和卡米耶结婚，但是最后也没有做到。分手后，卡米耶仍然在承受恋爱的代价——不仅家人指责她，许多评论家也把她置于罗丹的阴影之下，在谈论她那些充满激情的作品时，总会联想到她对罗丹的爱和罗丹对她的影响，即使那些作品创作于他们分手许久之后，但就好像她在雕凿作品时只会想着罗丹，不会想到其他事物一样。

《沙恭达罗》是卡米耶在与罗丹恋爱期间获得沙龙荣誉奖的作品，描绘了印度神话里一对因为遗忘的诅咒而分开的爱侣。恢复记忆的豆扇陀跪在地上，渴求爱人的原谅，曾被抛弃的沙恭达罗把头颅靠向豆扇陀，以几乎要融化在他身上的姿势，接纳了他。这座雕塑凝固的不仅是一个短暂的时刻，也是一种浓烈的恋爱状态：他们彼此需要，互为支柱，没有豆扇陀，沙恭达罗就会轰然倒塌；没有沙恭达罗，豆扇陀的祈求也是虚空——如同当时在创作上彼此需要、不可分割的两位艺术家。

当时就有人发现卡米耶有超越导师罗丹的实力。评论家保罗・勒罗伊说，《沙恭达罗》是1888年沙龙中最杰出的作品。

卡米耶·克洛岱尔
沙恭达罗
石膏
1888 年
现藏于美国伯特兰艺术博物馆

想超越“伟大的罗丹”的人是疯子

卡米耶无法阻止别人把她和罗丹做比较，但是她可以做一些罗丹从未做过的东西。罗丹雕刻那些巨大的、宏伟的事物，那她就记录微小的、看起来无意义的，但是却无比重要的日常生活。

她观察哭泣的女子、唱歌的盲人、海边的人群，把他们做成雕塑。《闲聊》是一座仅有 45 厘米高的小型雕塑，表现一个在诉说着什么的女人，被她的三个同伴围住，她们共同形成了一个亲切、彼此支持、密不透风的私人空间。她们的嘴部被明显地凿出，突出这是一个由交谈而建立起的领域。闲聊被许多人认为是不值得进入历史记载的，但是我们的日常生活其实就是由大大小小的闲聊组成——朋友的寒暄、母亲的叮咛、爱人的蜜语。卡米耶知道它有多重要。如果你要在雕塑领域寻找“日常生活的艺术家”，那么你第一个找到的就会是卡米耶·克洛岱尔。

卡米耶·克洛岱尔
闲聊
1897 年
现藏于法国罗丹博物馆

这些“超越”和“突破”只是我们的后见之明。即使许多评论家对卡米耶赞誉有加，但卡米耶在职业生涯中却几乎没有接到过什么公共委托。* 也许是对女雕塑家的水准有所怀疑，也许是认为女人创作的裸体雕像会引起争议，也许是认为自己的创作超越了罗丹的卡米耶，看起来太疯狂了。

卡米耶·克洛岱尔
恳求者
1899 年
现藏于法国卡米耶·克洛岱尔博物馆

*《成熟年代》是卡米耶第一件受法国政府委托创作的作品，但是政府最后却取消了订单，原因不明。卡米耶雕塑了跪在地上的“青春”，恳求“衰老”不要将人带走，但是人已经无奈离去，卡米耶用富含激情的裸体人像创造了对无可奈何的衰老的比喻。这件作品的“青春”部分被重新制作成了铜像《恳求者》，有人认为这像是恳求罗丹不要离开的卡米耶（她本人听了也许会嘲笑这种想法）。

谁在精神病院？

1911 年以后，卡米耶的经济状况和精神状态每况愈下。即使父亲和弟弟一直在接济她，她也无法负担持续创作的开销。

她只想做雕塑。她把自己关在工作室里，拒绝见任何一个朋友，沉迷于创作雕塑，更沉迷于毁灭雕塑。她把蜡像丢入火中，又用锤子砸碎已经完成的作品，直到自己被残破的人体碎片包围。

在卡米耶的父亲去世后，克洛岱尔一家决定：卡米耶已经疯了。

卡米耶被送入了精神病院。卡米耶在信里说，她受不了这个地方："想到一直要住在这里，我绝望得都不再像人类了。我不能忍受这里这些怪物的喊声……我做了那么多事不是为了最终在精神病院里当个名人的。"后来，医生写信给她的家人，说她的状况已经好转，但是他们也没有来接她回家。如此过去三十年，直到她死后被葬在一座公共墓地。

1929 年，曾经和卡米耶一起在巴黎当学徒的朋友杰西·利普斯科姆来医院看望她，并给她拍了照。杰西觉得卡米耶并没有疯。这是卡米耶的最后一张照片。

有人愿意相信卡米耶处于疯疯癫癫的状态中，这比想象她是一个住在精神病院里的清醒人类要好，也比想象她是一位超越时代的雕塑家要好——这让人良心得安。

第五章

俄罗斯、德国、法国与墨西哥 20 世纪

莎士比亚曾经在《哈姆雷特》中借他的主角感慨道：“人是一件多么了不起的杰作！多么高贵的理性！多么伟大的力量！”

然而，在 20 世纪两次世界大战无数骇人听闻的苦难中，人们曾经笃信的理想，认为不可动摇的规则都被击碎了，旧有的艺术模式俨然失效。艺术家可以选择重建规则，或是拥抱虚无，或是发明一种全新的模式，描绘新时代中的人类精神。在艺术家的创造中，新的希望正在酝酿。

越来越看不懂艺术了！——现代主义的“问题”

有些第一次接触艺术史的人可能会感慨：**“现代艺术越来越让人看不懂了！”**

的确，如果说 1874 年印象派第一次联展上的作品还能让人看得出来是日出和芭蕾舞女的话，那么毕加索的立体主义绘画看起来就晦涩难懂了。**现代艺术为什么会变成这样？**如果想象所有的现代主义艺术家都来参加一个报告大会的话，那么他们报告的主题可能是：**什么才是真实？艺术的最终目的是复刻自然吗？**

除了照相机拍出来的景色，还存在其他类型的真实吗？

一幅画首先应该是一幅画

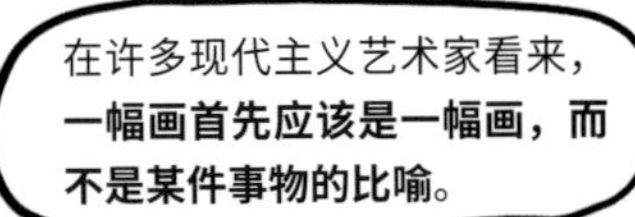

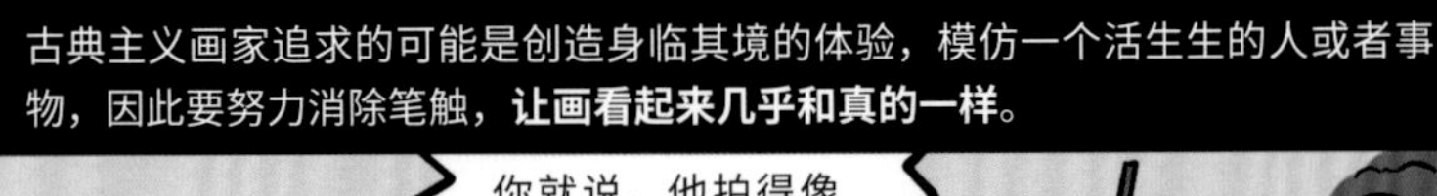

而现代主义艺术家做的许多努力，就是要拿一幅画的线条、形状和色彩做实验。

也就是二维平面元素！可是要怎么做呢？

“用明暗对比表达戏剧性”这个技法暂时被摄影师夺走了。画家们开始找到他们的天赋所在——用强烈的色彩表达情绪和气氛。

表现主义
虽然自然景色看起来可能扭曲变形，充满跳跃的色彩，但却能让人精确地感受到强烈的情感力量。

野兽派
画家从颜料管里直接挤出颜料，用狂放欢乐的颜色来绘画自然。

把实验做到极致！

1906 年，瑞典女艺术家希尔玛·阿夫·克林特画出了西方艺术史上第一幅抽象作品，把线条、形状和色彩的实验做到极致。乍看之下，克林特的画作并不“代表”什么——画的不是一个茶壶、一盘水果或者一个人。实际上，克林特是从自然科学和数学中获得灵感，尝试用二维平面元素构建一个全新的、彼此和谐的、有神秘规律可循的精神世界。克林特知道自己的画可能暂时不能被世界理解。临死之前，她把所有的作品留给了侄子，并在遗嘱里要求，在她死后二十年内不得展出这些作品。这个突破性的秘密被保存得太好了——直到 1986 年，它们才第一次出现在公共视野。而在此之前，人们一直认为是瓦西里·康定斯基画出了第一幅抽象作品，并且叫他“抽象绘画之父”。

希尔玛·阿夫·克林特
十大，第四号，青春
1907 年

希尔玛·阿夫·克林特
（1862—1944 年）

孕育先锋艺术——沙龙女主人

在这些新艺术出现之时，沙龙在其中起了不可忽视的推动力量。和你们之前了解的“巴黎沙龙”不同，这里的沙龙指的是兴起于欧洲的聚会传统。你可以把它理解成一个或大或小的派对，里面挤满了学者、文学家和艺术家，讨论时下最新的文艺趋势，而沙龙和其他的派对最大的不同是——它们的主人一定是一位学识渊博的女性。

作家格特鲁德·斯坦因在巴黎举办的“星期六沙龙”，在现代主义兴起的这段时间赫赫有名。她挖掘了作家海明威、菲茨杰拉德，艺术家毕加索、马蒂斯，她在他们还一文不名的时候就开始讨论和收藏他们的作品。这些沙龙充满活力，许多先锋艺术的雏形就是在沙龙的讨论中孕育出来的，而先锋艺术的推广也得到了沙龙中文化圈人士的支持。

在 20 世纪的德国，也有一位兢兢业业的沙龙女主人，她用心地推广她觉得最好的现代艺术，几乎忘了自己有多擅长画画。

玛丽安·冯·韦雷夫金
（1860—1938 年）

“现代主义的报告大会”可能会介绍什么

因此，
重点不是像，是真。

立体主义

给你同时看一个事物的五个角度，把它们拼凑在一起也是一种真实。

未来主义

速度就是现代生活的本质！未来漫画里的很多人都会学这条狗跑步。

至上主义

让我们抛弃所有假象，剩下的就是真的东西！

构成主义

如果你问我把所有东西都简化成**几何图形**有什么用，那我会告诉你世界上每一个人都认得**几何图形**，比认识《蒙娜丽莎》的还要多。

新造型主义

给你们一个最准确的意见吧——所有的绘画都可以简化为这种网格画的形式。

青骑士

你们说的都挺好的，那我们就办一个社团来致力于发掘色彩当中的精神力量吧！

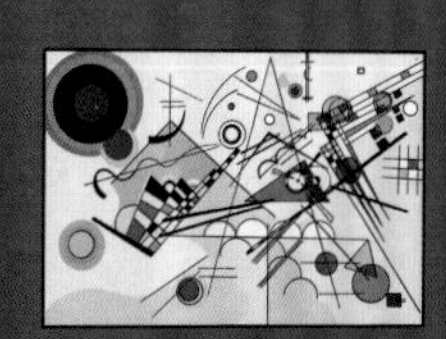

Marianne Werefkin

玛丽安·冯·韦雷夫金

如何抑制女艺术家创作?

俄罗斯表现主义画家
参与创立德国表现主义艺术家团体"青骑士"
狩猎时射中自己的右手导致右手中指缺失
但坚持复健直至可以重新作画

擅长描绘下层贫民生活中的诡谲画面

* 图为老年的玛丽安·冯·韦雷夫

我们是“青骑士”！

青骑士是 1910 年成立的由一群表现主义艺术家组成的先锋团体，没有固定的风格，没有正式的行动纲领，但是都向着一个目标：**用色彩表达汹涌的情感**。

青骑士的核心成员是两对至交好友：韦雷夫金和她的男友亚夫伦斯基、康定斯基和他的女友穆特。他们常常一起出游，到德国慕尼黑的乡间小镇写生，从自然中发现新的色彩，并且用自己的方式“翻译”他们见到的景色。你可以这么理解——青骑士们是用颜色战斗的人。

加布里埃尔·穆特
（1877—1962 年）
表现主义画家，青骑士成员

穆特喜欢用粗大的轮廓线把风景分割成一个个色块，让风景看起来像拼贴起来的一样。

瓦西里·康定斯基
（1866—1944 年）
画家，青骑士创始人

康定斯基喜欢用色彩“攻击”人，让强烈的色彩冲突在人心中激荡起巨大的情感反应，拨动心弦。可惜，他的画是青骑士画家里最让人看不懂的。

阿历克谢·冯·亚夫伦斯基
（1864—1941 年）
表现主义画家，青骑士成员

亚夫伦斯基更关注人脸上的色彩，用肖像画平时不常用的颜色来勾勒一个人的精神面貌。

玛丽安·冯·韦雷夫金
（1860—1938 年）
表现主义画家，青骑士成员

韦雷夫金是青骑士中唯一一个注重描绘乡间人民生活的画家，她会灵活地运用一个个色块，定格普通人生活中无言的情绪。

你看到的不是颜色，而是“我”

韦雷夫金的自画像和你之前在这本书里看到的自画像都不太一样。

古典主义的肖像画会给你提供一些关于绘画对象的线索，比如象征社会地位的物件、象征职业和才华的物件，或者至少会告诉你这个人在最理想的状态下长什么样。在韦雷夫金的自画像中没有这些，但是告诉你的信息却比那些古典主义的肖像画还要多——她展示的是内心的景观。

经过精心拣选的彼此和谐的色块，组成了一张看起来历经世事的脸，那些颜色不是通常用来描绘人脸的颜色，却能让人感受到她内心激烈的情感。最令人难忘的是那一双由蓝色的巩膜和红色的瞳孔组成的眼睛，仿佛能够穿透每一位观者的内心，也让这幅自画像拥有一种凛然不可侵犯的气质。

韦雷夫金不描绘外在。就像这幅自画像暗示的一样，表现主义就是要画家拥有一双穿透性的眼睛，用最纯粹的方式，传达她所见到的“真实”。

用一次次派对改变世界的女爵

女爵退位

玛丽安·冯·韦雷夫金出生于俄罗斯*的一个贵族家庭，她的朋友们都喜欢叫她“女爵”。

女爵想做一件事的时候，就一定能坚持下去。

比如韦雷夫金喜欢画画，即使俄罗斯圣彼得堡美术学院不收女学生，她也能找到该学院的老师私下授课，画到俄罗斯最好的现实主义画家伊利亚·列宾都为她的天分所折服，并称她为“俄罗斯的伦勃朗”；在她28岁那年，外出狩猎时，不慎开枪打中了自己的右手中指，在这之后她只用了一年时间复健，就重新拿起画笔，创作的4幅作品还入选了圣彼得堡艺术家协会的展览。在韦雷夫金的自画像和照片里，她从不展示那根缺失的手指。女爵不需要别人怜悯。韦雷夫金的朋友伊丽莎白·马克有一次见过它，那是在韦雷夫金生气的时候，她突然充满威胁地挥舞右手——就像是一种警告，让人知道女爵是不好惹的。

也许，打倒女爵的唯一方式，就是让她自我怀疑。

当时的俄罗斯社会，对从事艺术的女性抱有悲观的预期。很多人认为，女人不能成为伟大的艺术家，她们更适合做辅佐者。韦雷夫金几乎相信了这些说法。她觉得，如果她不能做伟大的艺术家，那她可以专心培养伟大的艺术家。于是，在35岁那年，韦雷夫金放弃了绘画，全力帮助她的恋人亚夫伦斯基成就事业，既教他绘画技巧，又联系画廊，还用自己的关系为他提供经济支持，成了一位兢兢业业的经纪人兼伴侣。

这一次，她真的能坚持下去吗?

* 俄罗斯在韦雷夫金生活的不同时期有不同的名称，为了避免歧义，在此统一称为“俄罗斯”。

用派对改变世界

韦雷夫金的推广策略也有一种女爵的气势——她要在推广恋人的过程中，顺便改变一下现代艺术的进程。

韦雷夫金在慕尼黑举办了一个沙龙，邀请艺术家和名流们都来认识亚夫伦斯基。不来梅艺术馆第一位馆长古斯塔夫·泡利回忆说，当时慕尼黑先锋艺术的中心，就是韦雷夫金的沙龙，而韦雷夫金又永远是沙龙的中心。“慕尼黑新艺术家协会”诞生于这个沙龙中，艺术家们宣布他们的任务就是把对自然的观察转化为自己的经验，并且用最符合本质的方式表达出来。不久，“青骑士”从这个协会中分裂出来，他们分发手册、举办展览，努力宣告世界：**艺术家不再需要模仿古典大师，也不再像照片一样复刻自然，而是要表达艺术家内心的真实**——听起来是不是都和韦雷夫金在**日记**里写的不谋而合？通过沙龙的宾客，悄悄地改变世界，这正是沙龙女主人的专长。

韦雷夫金也要面对自己内心的真实。她仍然喜欢画画，喜欢得超越了她给自己的性别设下的限制。在某一天的日记里，她写道：“我不是男人，我也不是女人，我是我自己。”此时距离她上次拿起画笔，已经过了十年。

蓝色笔记

在韦雷夫金压抑自己对绘画热情的年岁里，韦雷夫金把她汹涌的情感和对艺术的思考都写在了日记里。

在那些无人知晓的纸页之间，她写下了**表现主义**的真谛：“那些能用最简单的**色彩韵律**，把对事物的视觉印象，转化为**对自我思想的表达**的艺术家，就能成为自己的主宰。”

色彩斑斓的小人物日记

当韦雷夫金重新开始画画，她抹去了那个以肖像画闻名的“俄罗斯的伦勃朗”的面貌。她几乎不再画人脸，也抛弃了学院传统用阴影和光的对比塑造绘画对象的方法。她用独创性的笔法告诉人们：色彩足以传达一切，而这一切当中最重要的是人类本质的情感。

色彩可以让日常生活拥有一种寓言式的美

韦雷夫金把目光投向了普通人的日常生活，并在其中找到了一种寓言式的韵律。人们在旅途中的行进、溜冰、围坐在咖啡桌前，被简化为一个个跳动的音符，和浪漫的色彩组成的世界撞击出和谐的鸣响。

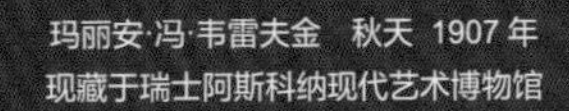

玛丽安·冯·韦雷夫金　秋天 1907 年
现藏于瑞士阿斯科纳现代艺术博物馆

玛丽安·冯·韦雷夫金
溜冰的人 1911 年
私人收藏

色彩可以
记录一段漫长的时间

韦雷夫金的一个创举是在画作中使用了大量重复的形象。这样，观者就好像能在画里看到一段漫长的时光，长得像是早已注定的命运。

玛丽安·冯·韦雷夫金　黑衣女人 1910 年
现藏于德国史宾格美术馆

色彩可以
传达暗涌的情感

韦雷夫金笔下的人的面目都被抹去了，看起来可以是生活在地球上任何一个角落的普通人。她设计了一个专属于普通人的世界，整个世界的构造看起来都和被描绘的人的心境一致。树干如同牢笼，月光映出忧郁的颜色，这些都定格了一种现代气质——人类永恒的孤独。

玛丽安·冯·韦雷夫金　月夜 1909—1910 年 私人收藏

挽歌

韦雷夫金和亚夫伦斯基一生都没有结婚，在韦雷夫金 60 岁时，他们最终分道扬镳。后来，韦雷夫金隐居在瑞士的阿斯科纳，在马焦雷湖岸边持续创作。

仿佛是希望把热闹的沙龙搬过来一样，韦雷夫金和画家恩斯特·坎普特一起建立了瑞士阿斯科纳现代艺术博物馆，邀请自己的朋友们把画作捐到这座小镇，让这里的居民也能随时欣赏到先锋艺术。韦雷夫金没有生育孩子，但是她说自己成了“阿斯科纳的祖母”。

在韦雷夫金下葬那天，小镇里的所有人都来和她道别。人们聚集在一起，就像她画里的音符，奏出最后的哀歌。

包豪斯
——改变现代生活

韦雷夫金离开德国时，那里正在经历一场深刻的变革。

包豪斯（Bauhaus）是“国立包豪斯学校”的简称，**它是世界上第一所设计教育学院**。1919 年，沃尔特·格罗皮乌斯创造了包豪斯，这所学校重新定义了现代艺术教育，也让“包豪斯”成为一场轰轰烈烈的现代主义运动，这场运动的核心是：把**美好**而**实用**的产品，带给更**广大的人群**。

重新定义现代艺术教育

在传统美术学院的概念中，有“伟大艺术”和“装饰艺术”的区分。伟大艺术包括绘画和雕塑，属于充满创造力的艺术家；而装饰艺术则是建筑、木工、铁艺、陶艺、纺织这些“为了生活而服务”的艺术，属于工匠。在传统美术学院看来，**伟大艺术具有真正的审美价值，而装饰艺术则低一等**。

传统美术学院是为了培养艺术家设立的，
而包豪斯的课程则颠覆了这一切。

伟大艺术	>	装饰艺术
包括：绘画和雕塑		包括：建筑、木工、铁艺、陶艺、纺织……
职业：艺术家		职业：工匠

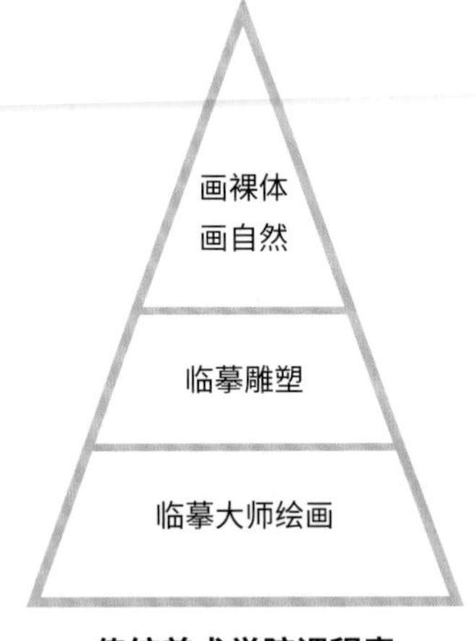

传统美术学院课程表

艺术家的训练从模仿大师的绘画开始，先练习用线条在平面上模拟大师创造的人物形象和光影关系，熟练后模仿雕塑，最后才到给裸体模特画像，并到自然中写生。在这种训练逻辑里，只有先学会了大师的技巧，才能描绘自然。

1919 年，沃尔特·格罗皮乌斯发表《包豪斯宣言》，宣布“**艺术家和工匠没有本质区别**”，艺术教育必须回到工作坊，去培养那些真正能熟练运用手工艺的艺术家。

格罗皮乌斯邀请艺术家和工匠来包豪斯共同授课，导师们设计了一个创新的课程系统，这个系统成了现代设计教育的雏形。

在包豪斯设置的课程系统里，学生先要经过基础课的训练培养对色彩、材料和形状的基本感知，然后才能进入专业的工作坊，学习例如金属、纺织或玻璃等的制作工艺。学生们的起点不再是模仿大师，而是从观察自然开始，**培养用设计解决问题的能力**。

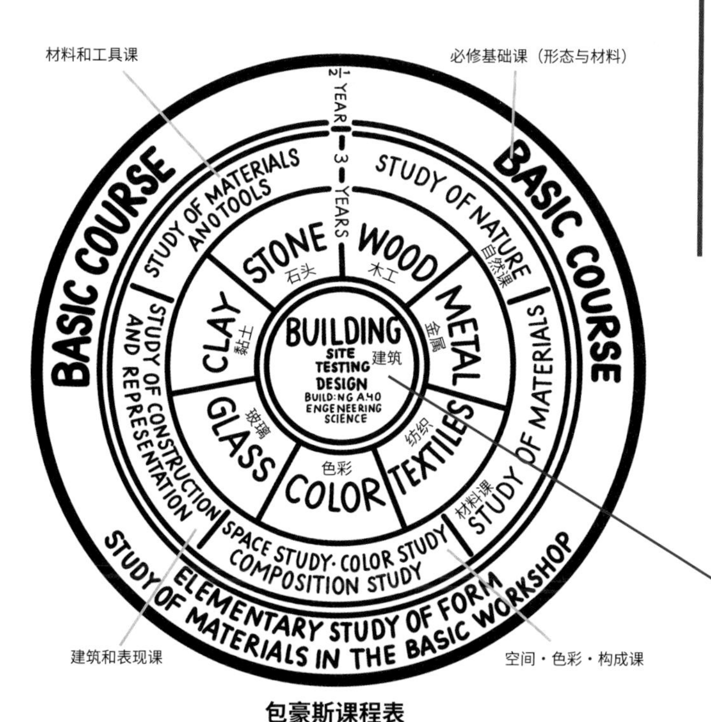

包豪斯课程表

格罗皮乌斯认为，所有艺术的终极目标都是建筑。因此，在他设计的课程表中，建筑摆在了核心的位置，只有完成了所有理论和技术训练的最优秀的学生，才能进入建筑班。在教学过程中，学生和导师们不断进行设计实验，生产出大量既美观又实用的产品，让包豪斯理论的影响力超越了建筑领域。

包豪斯的基础课程教什么？

基础色彩：
认识一切视觉表达的最基础元素——红、黄、蓝三原色。

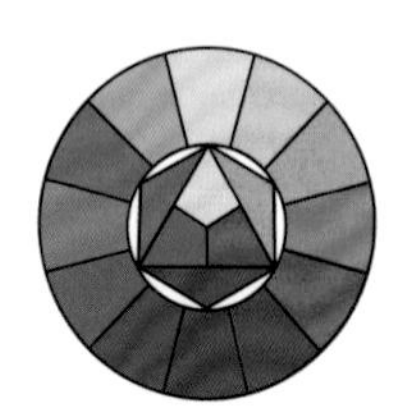

基本形状：
找到自然界形状的基本逻辑——三角形、圆形、正方形。

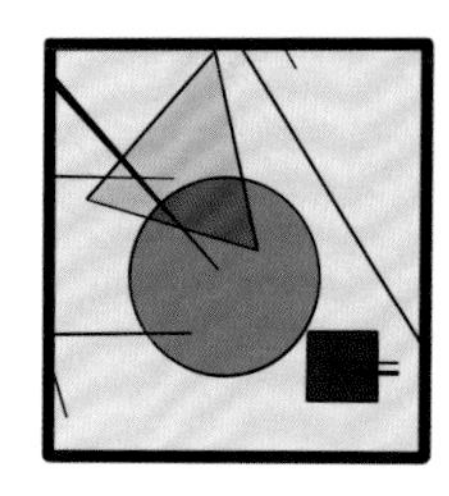

瓦西里·康定斯基《构图之八》一角

工作坊教学：
使用现代工业原料，在手工作坊中尝试制作能应用于大规模生产的完美家具模型。

工艺技术的熟练对每一位艺术家来说均不可或缺，真正的创造力、想象力的源泉就是建立在这个基础之上的。

——沃尔特·格罗皮乌斯

重新定义现代艺术教育

包豪斯学校实际上只开办了十几年就被纳粹关闭了。从格罗皮乌斯开始，包豪斯一共有过三任校长，各自塑造了不同的包豪斯，他们的理念至今仍在影响**平面设计**、**工业设计**、**建筑**等各个领域，也在影响着人们对“好设计”的理解。

包豪斯哲学

少即是多

在设计中仅保留最基本的功能，去掉多余的装饰。

巴塞罗那椅（1929 年）

包豪斯第三任校长密斯·凡·德·罗设计

仅保留椅子腿和皮质椅垫，就能提供舒适的体验。流线型的不锈钢支撑如同中国书法中的笔画，体现了一种简洁而优雅的平衡。

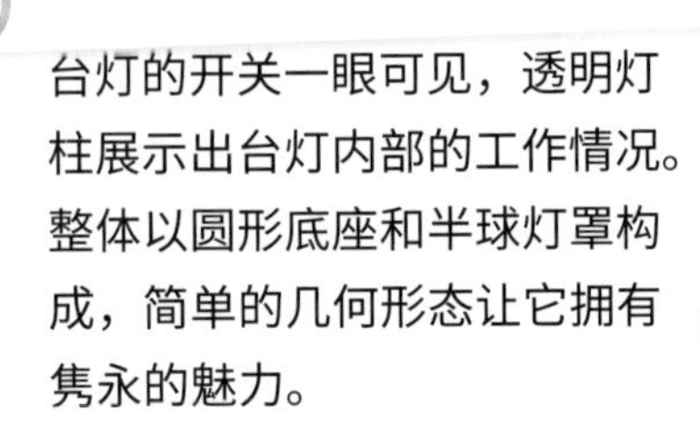

形式追随功能

根据产品或建筑的功能设计简洁的外观，让人一看就知道怎么使用。

MT8 台灯（1923—1924 年）

威廉·华根菲尔德设计

台灯的开关一眼可见，透明灯柱展示出台灯内部的工作情况。整体以圆形底座和半球灯罩构成，简单的几何形态让它拥有隽永的魅力。

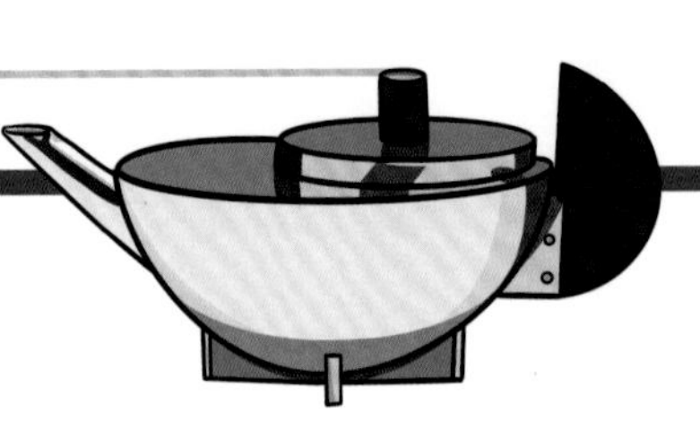

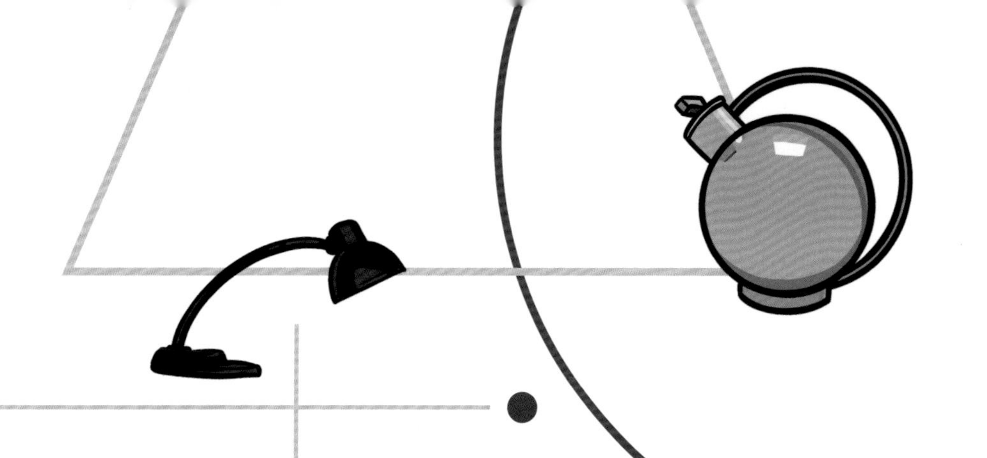

为大批量生产而设计

在设计的过程中考虑更容易大规模生产的形态和材质，让产品拥有更广泛的应用价值。

GRO D23 E NI 门把手（1923—1924 年）

沃尔特·格罗皮乌斯和阿道夫·迈尔设计

世界上第一个大规模投入生产的由纯粹的简洁几何形态组成的门把手。

反映材料的真实

了解你使用的材质，让你的设计以诚实的方式展示这种材质的特性，并且不尝试遮盖它。

瓦西里椅（1925 年）

马塞尔·布劳耶设计

使用无缝衔接的不锈钢管制作椅子的支撑部分，整体结构一目了然。

解决日常生活的问题

包豪斯像一个由导师与学生组成的彼此争鸣的理想世界，人们的设计理念各异，却集合在了一起，尝试将艺术与技术结合。在包豪斯被迫关闭后，她的导师和学生们走向世界各地，将包豪斯的理念带到更远处。他们创造的作品如今看来不一定是最完美的，但是这些作品在历史上发出了先声：艺术不仅仅只关乎审美和道德，它还可以为每一个人的日常生活解决实际问题。

Marianne 玛丽安·布兰德 *Brandt*

用金属在生活中施魔法

包豪斯金属系毕业的第一位女学生
将几何造型引入日常用品的设计中

她设计的茶壶
是包豪斯历史上重要的产品之一

推行“形式即功能”哲学，
她设计的产品
一看就知道怎么使用

“生活是个缓慢受锤的过程”*

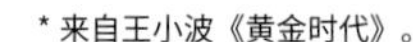
* 来自王小波《黄金时代》。

瓦尔特·格罗皮乌斯
（1883—1969 年）
建筑师，包豪斯校长

格罗皮乌斯相信“艺术与技术，新的统一”，适合量产的设计以及简洁实用的造型，能够让人的生活变得更美好。他希望学校的手工艺教学最终能为工厂大规模量化生产服务。

瓦西里·康定斯基
（1866—1944 年）
画家，包豪斯形式导师

每一个包豪斯学生都需要先学习基础课程，掌握形状、色彩和材料相关的知识，才能开始学习专业课程。康定斯基在包豪斯教学生们如何找到自然界中的基本形状。

拉兹洛·莫霍利－纳吉
（1859—1946 年）
实验艺术家，包豪斯金属系导师

莫霍利－纳吉在包豪斯金属系贯彻了格罗皮乌斯的理念，和学生一起用手制作适合工厂大规模量产的模型。玛丽安·布兰德是他最得意的学生。

包豪斯技术导师
（？）

“艺术与技术，新的统一”也延续到了包豪斯的教学系统里，格罗皮乌斯聘请工匠作为包豪斯的“技术导师”，宣布工匠和“形式导师”（教授艺术的老师）拥有同样的地位。工匠教会了金属系的学生们如何打造器皿，但他们的名字却不会出现在包豪斯明星导师的列表里。

利伯夫妇
（？）
父母

1933 年，利伯夫妇写信请求她搬回老家开姆尼茨，照顾年迈的父亲；1936 年，父亲去世。但是，直到 1949 年，她都留在开姆尼茨（当时属于东德）。

埃里克·布兰德
（？）
画家

布兰德原名玛丽安·利伯，在和艺术学院的同学埃里克·布兰德结婚后，她随了他的姓。1935 年，他向她提出离婚。

一把打破包豪斯设计作品拍卖纪录的茶壶・

2007 年，一把茶壶在苏富比拍出了 36.1 万美元的价格。

这一把茶壶是包豪斯的明星学生玛丽安・布兰德的作品，她在金属工作坊里制作了七把茶壶的模型，大英博物馆和大都会艺术博物馆都把它们纳入了收藏，而苏富比拿出来的这一把打破了所有包豪斯设计作品的拍卖纪录。

这把茶壶融合了包豪斯影响世界的许多理念：由镀银黄铜和黑檀木组成，在布兰德细致的锤打之下几乎看不出任何手工痕迹，各个部件呈现优美的几何形状。手接触到的部分都用黑檀木装饰，从设计上就引导使用者怎么安全地使用它来倒茶。

包豪斯档案馆时任馆长克劳斯·韦伯甚至说，**这把茶壶就象征着一个微缩的包豪斯**。

即使这把茶壶如此重要，却没有一个引人注目的名字——从工作坊里制作出来的时候，它就叫“MT49 号模型”。在苏富比拍卖时，这个名字加上了一个前缀——“**一把非常重要且稀有的茶壶**”。

这就像是玛丽安·布兰德人生的隐喻，她的名字在死后才变得越来越重要。

一位明星学生的诞生

烧毁过去

玛丽安·布兰德三十岁那年，第一次看到包豪斯学校的展览后，回家就把自己画都烧掉了。

布兰德从魏玛大公撒克逊艺术学校毕业，当时已经是一个在表现主义领域小有名气的画家。从常理来看，布兰德已经不需要进修了，但是，展览上生机勃勃的作品、格罗皮乌斯慷慨激昂的演讲（《艺术与技术，新的统一》）把她点燃了，布兰德看到了某种未来。

和传统学院不同，包豪斯一开始就同时接受男、女学生的申请。不过，一些旧有的观念仍然在影响人们——当布兰德以优异的成绩完成包豪斯基础课训练后，学校建议她选择纺织系（当时，很多人认为女人更擅长纺织）；而金属系的导师拉兹洛·莫霍利 - 纳吉看到了布兰德的才华，坚持要她加入金属系。

软化坚硬之物

一开始，金属系的男生们很难接受布兰德是自己的同学。布兰德只被分配做一些重复的工作，比如反复从新的银料当中敲出一个个半圆形银器。敲着敲着，布兰德的创造力逐渐显现了出来，金属在她手里轻易地就能呈现出和谐的几何形态。布兰德敲出了烟灰缸、茶具和咖啡器具套组，还有台灯，把“形式追随功能”的美学渗透到每一种生活物件里。很快，布兰德接到的订单就超过了其他包豪斯金属系的学生。

定义包豪斯

如果有机会研究布兰德敲打出来的茶具和咖啡具，你会惊讶于它们的表面之光滑，仿佛是由机器完成似的。但是，让半球形、方形和三角形如此完美地融合在一起，又是机器无法做出的巧妙设计。康定斯基设想一切事物都可以在纸面上转化为点、线、面，而布兰德把这些形状都带入了日常用品中。布兰德的导师莫霍利 - 纳吉甚至说："包豪斯 90% 的设计都是来自她。"莫霍利 - 纳吉的话也许有夸张成分，但是布兰德的设计的确塑造了现在的人们对包豪斯的印象，博物馆争相收藏她创作的模型，在讲述包豪斯设计的时候，布兰德始终是无法略过的一页。

露西亚·莫霍利在 1924 年拍摄的一整套布兰德设计的茶具和咖啡具

这一套茶具包括水壶、茶壶、奶壶、咖啡壶、糖碗和托盘，全部由 925 银和黑檀木制成。它们的造型让人念念不忘，因为其中融入了包豪斯所有重要的理念和追求——少即是多，抹去多余的矫饰，只留下隽永的造型；形式追随功能；努力探寻更适合工厂大规模生产的模型，让好的设计真正改变人们的日常生活。

玛丽安·布兰德是包豪斯当之无愧的明星学生。如果要为她的作品做一份简历的话，大概会被各种各样的荣誉淹没——只是，这些荣誉都来得太晚了。

玛丽安·布兰德 个人简历

工作经历

1928—1929 年　包豪斯金属系工作坊代理**导师**

1917—1923 年　画家，**自由职业**

教育背景

1924—1929 年　**国立包豪斯学校**金属系

1911—1917 年　**魏玛大公撒克逊艺术学校**绘画与雕塑系

玛丽安·布兰德
包豪斯金属艺术家、摄影师、画家

核心技能

- 产品设计与金工锻造（器物类）
- 蒙太奇摄影
- 表现主义绘画

代表作品

烟灰缸
1924 年
意大利阿莱西公司
至今仍在生产

带香烟架的烟灰缸
1924 年
纽约现代艺术博物馆收藏

坎登台灯（黑）
约 **1928 年**
批量生产的代表作

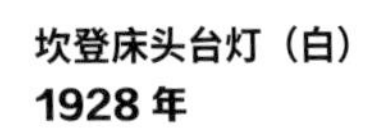

坎登床头台灯（白）
1928 年
纽约现代艺术博物馆收藏

茶壶
1924 年
美国大都会艺术博物馆收藏
打破包豪斯设计拍卖记录

茶具和咖啡具
1925—1926 年
全世界仅剩一套完整的模型，现在是收藏家们梦想中的珍品
意大利阿莱西公司至今仍在生产

学校无法许诺一个必然美好的未来

毕业后，布兰德在包豪斯这个理想世界里拥有过的短暂光辉就迅速黯淡了。

布兰德是包豪斯第一位获得金属系毕业证书的女性，还当上了包豪斯金属系的代理导师。但是，忍受一位天赋极高的女同学是一回事，忍受一位女导师就是另一回事了。1929 年，布兰德离开了包豪斯。

1933 年，布兰德的家人要求她回故乡开姆尼茨照顾生病的父亲。开姆尼茨没有能完成先锋设计的工作坊，没有她习惯使用的工具，没有那些曾经支持她成为设计界明日之星的武器。在第二次世界大战中，炮弹打碎了她们家的房子，毁掉了布兰德大部分的作品和信件，就像一个惨痛的提醒——她确实与过去的生活断裂了。后来，布兰德转向了蒙太奇摄影创作，虽然一直活到了九十岁，但是没有等到人们重新发现她敲出来的那些日常器物有多么重要。

战争总是打碎一切

——打碎人的生活、职业规划，

打碎包豪斯短暂的幻梦，

也即将打碎艺术界固有的规则。

小便池对现代艺术的重要性

——达达主义

艺术一定要追求美感吗?

1835 年，泰奥菲尔·戈蒂耶提出了著名的“为艺术而艺术”的主张，宣布艺术不需要有任何实用价值，只需要追求纯粹的美。在戈蒂耶看来，**一切实用之物都没有美感**，比如**“一间房子里最实用的部分是厕所”**。

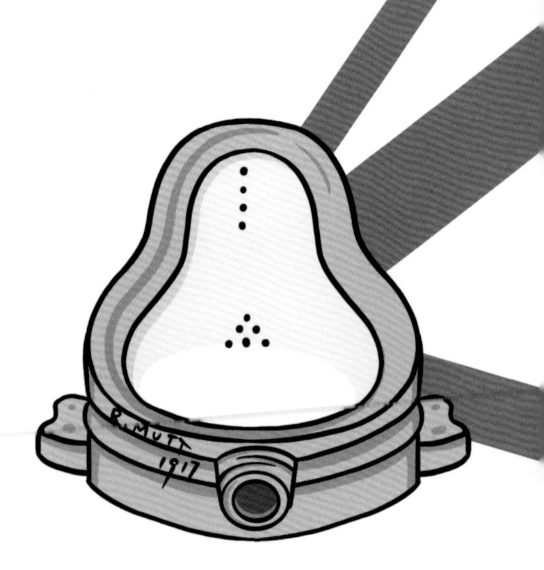

在接下来的将近一百年里，无论艺术家们是否认同戈蒂耶的观点，这段话的前提还没有被打破：艺术创作应该追求某种美学价值，哪怕是最抽象的作品，其中也要有色彩的和谐、构图的平衡，或是一些让人愉悦的元素。

直到 1917 年……

马塞尔·杜尚拿出了一个小便池，并且宣称它是艺术品的时候，和艺术看起来风马牛不相及的现成品突然被搬上了大雅之堂——这便是在第一次世界大战期间诞生的“达达主义”运动的一件作品。“达达”这个词是被随意选出来的，就像婴儿的呓语，没有任何实际意义，它的唯一目的就是嘲弄所有艺术规则和秩序，并且打破它们。

颜料管里挤出来的颜料是现成的，小便池也是现成的，为什么小便池就不能是件艺术品?

马赛尔·杜尚
(1887—1968 年)
著名艺术家

小便池确实成了 20 世纪最具毁灭力量的一件艺术品。

它宣告艺术品不需要被创造出来，艺术品也可以是现成的。

杜尚从卫浴用品商店里直接买到了一个陶瓷小便池，把它倒转过来摆放，签上了一个假艺术家名字（R. 马特），命名为《泉》，就提交给了 1917 年的独立艺术家展览协会。这件作品震惊了评委会，立刻就遭到了拒绝。杜尚为小便池做了辩护：即便它是一件现成的物品，但是在艺术家将它倒转过来以后，它就被剥除了实用价值，成了一件崭新的艺术品。

它宣告艺术品不需要追求美感，最重要的是艺术品背后的概念。

杜尚选择了他身边最不具有美感的物品来完成这件挑衅的作品，并且给它取名叫《泉》，这个标题正好和安格尔的新古典主义名画一模一样。有了这个标题，它的讽刺指向变得更加明显。杜尚的小便池是一种思路，也是一种打破一切的姿态，它表达的概念就是它的意义所在。

让·奥古斯特·多米尼克·安格尔（1780—1867 年）

安格尔 泉
1820—1856 年
现藏于法国巴黎奥赛美术馆

它还宣告了复制品的力量，打破了艺术品真迹的权威。

人们现在已经看不到那个原版的小便池了。摄影师阿尔弗雷德·施蒂格利茨为它匆匆拍摄了一张照片后，它就消失了（也有人说它被砸碎了）。但是，它的复制品甚至一张它的照片都同样能够表达达达主义的概念，具有跟真迹一样的力量。它在从艺术家脑海中诞生的那一刻起，就成了一个阴魂不散的小便池。

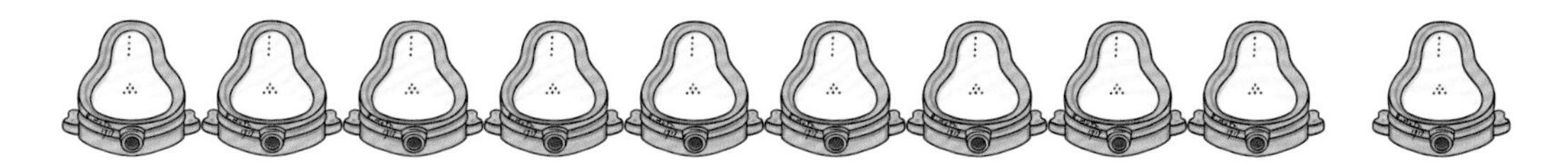

也许你还记得 1877 年那场著名的庭审，画家惠斯勒预言在未来某一天，艺术家对画作的判断才是认定杰作的唯一标准。惠斯勒的预言在杜尚这里终于实现了——艺术家决定了这个小便池是件艺术品。

詹姆斯·惠斯勒

达达主义让人们重新审视了所有的艺术规则。眼前的景象也许就像第一次世界大战后那样，到处都是废墟。在一切被打碎之后，艺术家们需要重建什么？这时候，**超现实主义**者们说，我们到梦中找答案吧！

梦中的自由——超现实主义

达达主义几乎嘲笑了艺术史一切固有的规则，却没有提供任何一种线索——未来艺术应该朝哪个方向创作？什么样的艺术创作才能“表达真实”？安德烈·布勒东在西格蒙德·弗洛伊德划时代的著作《梦的解析》里找到了一种答案：

梦里，有一种尚未被任何力量抑制的自由。

弗洛伊德在《梦的解析》中，提出人的精神可以分为三个层次——意识、前意识和潜意识；潜意识中涌动着人的本能和欲望，平时被压抑，梦中却能找到它们的线索。

弗洛伊德《梦的解析》与精神分析理论

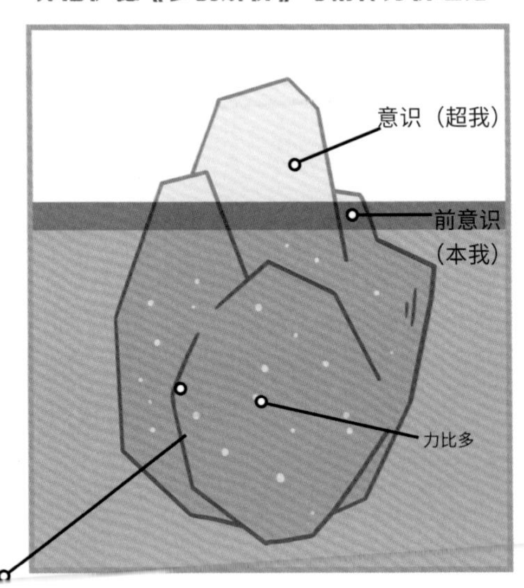

梦 弗洛伊德认为通过分析人的梦，可以找到患者被压抑的欲望和痛苦，从而解决患者的心理问题。在这些被压抑的欲望里，性欲是人最基础的欲望。

* 伦敦弗洛伊德博物馆保留了弗洛伊德生前使用的治疗椅。患者曾经躺在这张沙发上，接受弗洛伊德的精神分析。

“梦是愿望的满足。”——西格蒙德·弗洛伊德

西格蒙德·弗洛伊德
（1856—1939 年）
奥地利精神病医师
心理学家

梦怎么做，画就应该怎么画

1924 年，布勒东发表了《超现实主义宣言》，向人们介绍了他所认为的“超现实主义”：

超现实主义，阳性名词。

超现实主义希望通过纯粹的精神自动主义，在谈话或者写作中表达思想的真正功能。在没有任何理性强加的控制、排除一切美学或者道德成见的情况下，在思想的指导下创作。

翻译：

布勒东认为，文学和艺术史中充斥着无聊的作品，是因为人被理性、美学规则和道德成见约束了。超现实主义希望把人从这些约束中解放出来，让艺术家的潜意识可以得到表达，创作出真正有活力的作品。

梦让布勒东感受到了不受限制地创作的美妙：梦里，我们从来不担心自己看见的景象不合逻辑或不合道德，梦可以随意断裂、随便跳跃、随时结束，梦提供给我们怪诞但迷人的场景。

因此，**创作应该进入做梦一般的状态——做梦的时候人抛弃了理性和规则的干扰，画画的时候也应该如此。**

我知道你读不懂，但是你的潜意识已经懂了。

安德烈·布勒东
（1896—1966 年）
超现实主义创始人
诗人，作家

为了壮大超现实主义，布勒东**宣布**莎士比亚、但丁、波德莱尔都是超现实主义者。布勒东的雄心吸引了许多先锋艺术家，他们纷纷加入了超现实主义者的行列。

《超现实主义宣言》中举例的“无聊作品”

向这个年轻男人展示的小房间铺满了黄色墙纸：棉布窗帘遮盖的窗边有天竺葵；夕阳向整个房间投射了一道刺目的光线……这个房间没什么特别之处。黄木家具都很老旧了。一张高背沙发，沙发对面有一个椭圆形桌子，一个梳妆台上有一面镜子，和穿衣镜相对，靠墙有几把椅子，两三张不值钱的描绘手中拿着鸟儿的无名德国女孩的蚀刻画——这就是全部的装饰。

—— 陀思妥耶夫斯基 《罪与罚》

如何让一种主义变成看得见、摸得着的作品？

马塞尔·杜尚在超现实主义团体中再一次发扬了他的玩乐主义和实干精神。在1942年纽约的超现实主义文献展里，杜尚用无数条丝线连接展品，让观看展览变成了一种躲避游戏：观众不旦要注意展品，还要注意避开那些挡住去路的线。杜尚还安排了好几个孩子在开幕式上扔球、玩跳房子，当有人问孩子们在做什么时，只会得到一个回答："杜尚先生让我们这么做的。"而且，杜尚本人并没有出席这个展览。

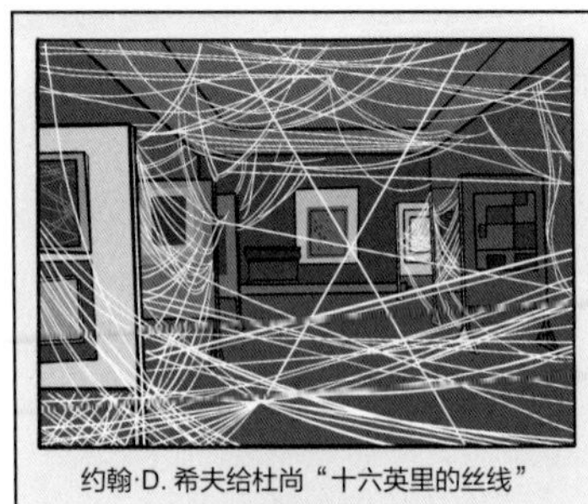

约翰·D.希夫给杜尚"十六英里的丝线"拍摄的照片

这些"玩笑"让这个展览变得更"超现实主义"。它提醒观众，这些就是超现实主义的核心：挑战观看方式的实验；孩童般的天真眼光；以及日常生活中突然出现的梦幻。

布勒东认证

超现实主义杰出艺术家

布勒东认证

如何画一幅超现实主义的画？

摆脱理性

·摆脱作者创作的理性·

超现实主义艺术家们找到了一种方法——"自动主义"创作，也可以理解为"无意识创作"。比如马克斯·恩斯特尝试把纸盖在木板上用笔刮擦，根据拓出的痕迹进行想象，完成一幅画。在刮擦之前，他不会知道自己将看到什么样的线条，整个过程充满偶然性。恩斯特把这种方法叫作"拓印法"。

自动主义绘画图解 ——"拓印法"

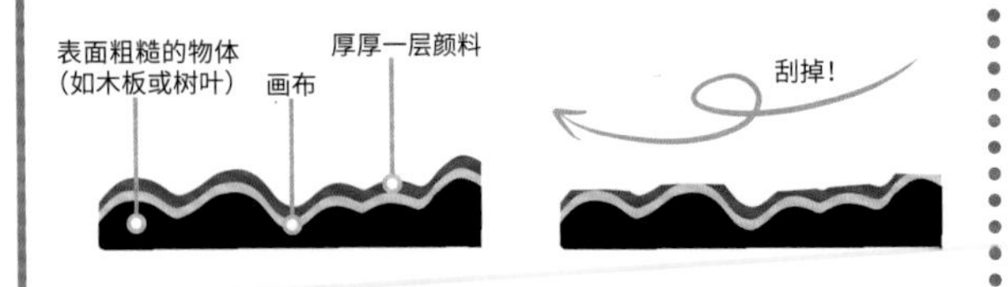

因为底层物体不平整，无法均匀刮下颜料，所以画布上会形成自然随机的纹理。

·摆脱观众看画的理性·

勒内·马格利特的画第一眼看过去好像都是日常物品和寻常场景，细看之下却有某种怪诞之处。**马格利特的画总是向看画的人提出各种各样尖锐的问题，挑战人们看画的理性。**

比如艺术史上最出名的一支烟斗：马格利特画了一支烟斗，然后在图像下写："这不是一支烟斗。"他想表达：再精确的图像，都不能完全代替实际的物品，它只是一幅画。马格利特挑战了学院派对艺术的定义——**画作并不能精确地反映现实。**

只是你的大脑骗你——这个平面图形是烟斗。

做个梦，把它带进现实

·梦·

萨尔瓦多·达利和其他超现实主义者最大的不同——他是一位明星。他蓄着又长又翘的胡子，把自己活成了一个最引人注目的超现实主义符号。他擅长营造梦幻的感觉：他参与拍摄由噩梦片段组成的电影《一条安达鲁狗》；他给希区柯克的电影《爱德华大夫》设计了一个挂满了巨大眼睛的场景；而他的画，就像是**手绘的梦境照片**。

达利很少解释自己的画（梦本来就很难解释）。这些充满想象力的梦被艺术史保存了下来，让观者惊叹，然后变成了其他人做梦时的材料。

达利在《记忆的永恒》里描绘了一个时间尽头的梦：空荡荡的沙漠中有几个软塌塌的钟表，蚂蚁在怀表上爬行，时间在这里已经失去最后的力气，这种永恒的衰朽在达利看来代表着对性无能的焦虑。达利的画里还有长着细腿的大象、像乳房的煎鸡蛋，这些符号都可能是弗洛伊德理论中的欲望表达。

·现实·

梅雷特·奥本海姆创造了一套梦幻的物件——用毛皮包裹的茶具。它就像一个典型的弗洛伊德梦境符号，让冰冷的杯子变成了有毛皮的活物，当嘴唇接触它时，就像是在爱抚一个蠢蠢欲动的生物。奥本海姆使用不起眼的现成物件，却合成了把梦照进现实的雕塑，引起了轰动。这套茶具成了纽约现代艺术博物馆永久收藏的第一件女艺术家作品。

但是，超现实主义的发展超出了布勒东的控制。在《超现实主义的政治立场》里，布勒东认为艺术的永恒主题应该是“大自然、女人、爱情、梦想、生命和死亡”。显然，布勒东设想的超现实主义更多是从男性的角度出发的。后来，布勒东惊奇地发现，**女艺术家给超现实主义增加了更多他想象不到的可能性。**

* 马格利特制作的拼贴照片《我没有看见森林中隐藏的女人》，展现了 16 位闭着眼睛的男性超现实主义者，围绕着一个女人的图像。在很多超现实主义者的眼中，女人是作为缪斯存在的。

Leonora Carrington

里奥诺拉·卡灵顿

逃离现实，最终能够到达奇幻王国

超现实主义最重要的画家之一

用画描绘了彻底独立于现实之外的
充满神秘生物的异想世界
并且拒绝对画做出解释

我喜欢和陪我做梦的人在一起

里奥诺拉·卡灵顿生于英国一个富裕的纺织商人家庭。她的爸爸是英国人，妈妈和外婆是爱尔兰人，从小她就成长在爱尔兰民间故事的浸润中。

哈罗德和莫琳·卡灵顿夫妇

卡灵顿的爸爸是纺织商，妈妈是虔诚的天主教徒，他们希望女儿经过家族的培养，跨越阶级，成为一名上流社会的淑女。但是，卡灵顿好像对传说中的怪物更感兴趣，这让他们很苦恼。

伊内斯·阿莫尔（1912—1980 年）墨西哥艺术博物馆馆长

阿莫尔希望通过自己的博物馆向世界展现墨西哥现代艺术的魅力。当一大批欧洲艺术家逃到墨西哥时，她接纳了他们，并把他们作为墨西哥艺术的重要部分进行推广。

穆尔黑德外婆

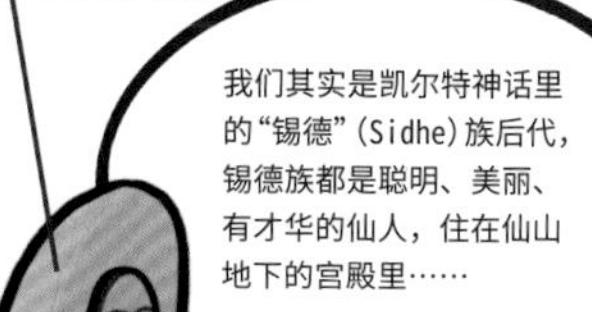

马赛尔·杜尚（1887—1968 年）艺术家

杜尚建议美国收藏家佩吉·古根海姆在她的画廊里举办一个“31 名女性”艺术展，展览介绍了 31 名 30 岁以下的具有潜力的女艺术家，包括卡灵顿。

马克斯·恩斯特（1891—1976 年）超现实主义艺术家

恩斯特是卡灵顿在欧洲时的恋人，在恩斯特的引荐下，卡灵顿加入了超现实主义者的行列。

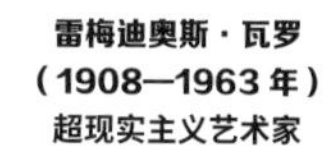

雷梅迪奥斯·瓦罗（1908—1963 年）超现实主义艺术家

瓦罗离开二战中政治动荡的欧洲，来到了墨西哥，在这里认识了卡灵顿，她们一起研究绘画、写剧本和做各种稀奇古怪的菜。

儿子们
巴勃罗·怀兹和加布里埃尔·怀兹

埃默里科·怀兹（1911—2007 年） 摄影师，丈夫

为了躲避希特勒对犹太人的迫害，怀兹从欧洲来到了墨西哥。在流亡的欧洲公民聚会中，他认识了卡灵顿。卡灵顿说，一见面她就觉得怀兹一定会是他们未来孩子的好爸爸。

通往幻想世界的窥镜

卡灵顿的画里没有人。

她画里的居民看起来都不属于我们熟悉的世界：乍看像鹿——身上却长着大片树叶；乍看是狗——却长出人的脸；穿着长袍的人——却有多边形的头颅。一切都超越了“现实”。

卡灵顿用画笔构建了一个无边无际的幻想世界，以至于随便从哪幅画里选出几个角色，放在一起都很自然。

卡灵顿的一幅画就像一个窥镜，给我们看卡灵顿幻想世界的某个角落，而且**卡灵顿用了将近 90 年时间，都没有穷尽它。这个幻想世界充满了活力**：到处都有神秘的大型仪式、游戏、私密对话、飞行、丰盛的晚宴，即使对这个世界一无所知的人，都忍不住会对画中正在进行的事感到好奇。

卡灵顿从来不解释她的画，但是每个人都能从她的画里得到自己的答案。

就像卡灵顿说的：“我有通往另一个世界的方法，每一个人都有，**因为我们都会做梦。**”

* 此页内容由卡灵顿多
幅画作内容组合而成。

“我总是一个人逃跑”

——里奥诺拉·卡灵顿

上流社会不适合一只鬣狗

18 岁之前，里奥诺拉·卡灵顿都在准备一件事：参加舞会。

卡灵顿出生于英国的一个富裕家庭，父母给她安排好了一条道路：在国王举办的成年礼舞会上正式登台，然后嫁入上流社会。她被送到天主教学校和礼仪学校，学习做一个乖巧娴静的贵族夫人。

但是，卡灵顿根本不听话。她被两所天主教学校退学，又从礼仪学校逃跑，父母好不容易劝她去伦敦和贵族人士交际，结果在皇室赛马会上，她竟公然拿出了一本讽刺上流社会的小说看。

卡灵顿给自己安排好了另一条道路。她决定离家出走，去伦敦学习艺术，把她脑海里幻想的画面全都画出来，或者写出来也可以。在伦敦，她写了一个短篇故事 *，内容是一个淑女让她的鬣狗朋友代替她参加舞会，但鬣狗被上流社会的人认出来了，因为鬣狗不愿意吃蛋糕，它是吃肉的。

短篇故事《初次登场》

* 漫画改编自卡灵顿撰写的《初次登场》，有删改。

我不是超现实主义的缪斯

在伦敦，卡灵顿遇到了两位重要的导师：阿梅德・奥占芳和马克斯・恩斯特。

卡灵顿在奥占芳的纯粹主义 * 绘画学校就读。奥占芳要求学生反复画同一个苹果，并且要画够六个月。卡灵顿说，最后那个苹果几乎像个木乃伊了。在那里，**卡灵顿学会了如何用线条精确地勾勒事物，如何把自己的幻想画得和真实存在的一样。**

雌性鬣狗是很凶悍的，就像我。

里奥诺拉·卡灵顿　自画像（始祖马旅馆） 1937—1938 年
现藏于美国大都会艺术博物馆

恩斯特对卡灵顿一见钟情，不过他当时还没有离婚。他把卡灵顿介绍进了超现实主义者的圈子，在那个时期，卡灵顿画了一幅《自画像》，**这让她声名大噪，随即成了超现实主义的核心成员。**

在卡灵顿的《自画像》里，人和动物的界限模糊了。一匹白马挂在墙上，另一匹在窗外自由驰骋，而卡灵顿坐在画中，双腿看起来和马腿没有区别，几乎也要飞了出去。她穿着尖头高跟鞋，表情神秘，一只即将哺乳的鬣狗站在她前面，画面充满了强烈的女性能量。卡灵顿用这幅画**颠覆了**布勒东对超现实主义下的定义：**女人和动物不只是超现实主义者的缪斯，她们是能量的来源，是创作者。**

---

* 纯粹主义：奥占芳和柯布西耶创立的艺术流派，追求在画中找到一种类似建筑的韵律和平衡感，更注重实现线条和色彩的极致和谐。

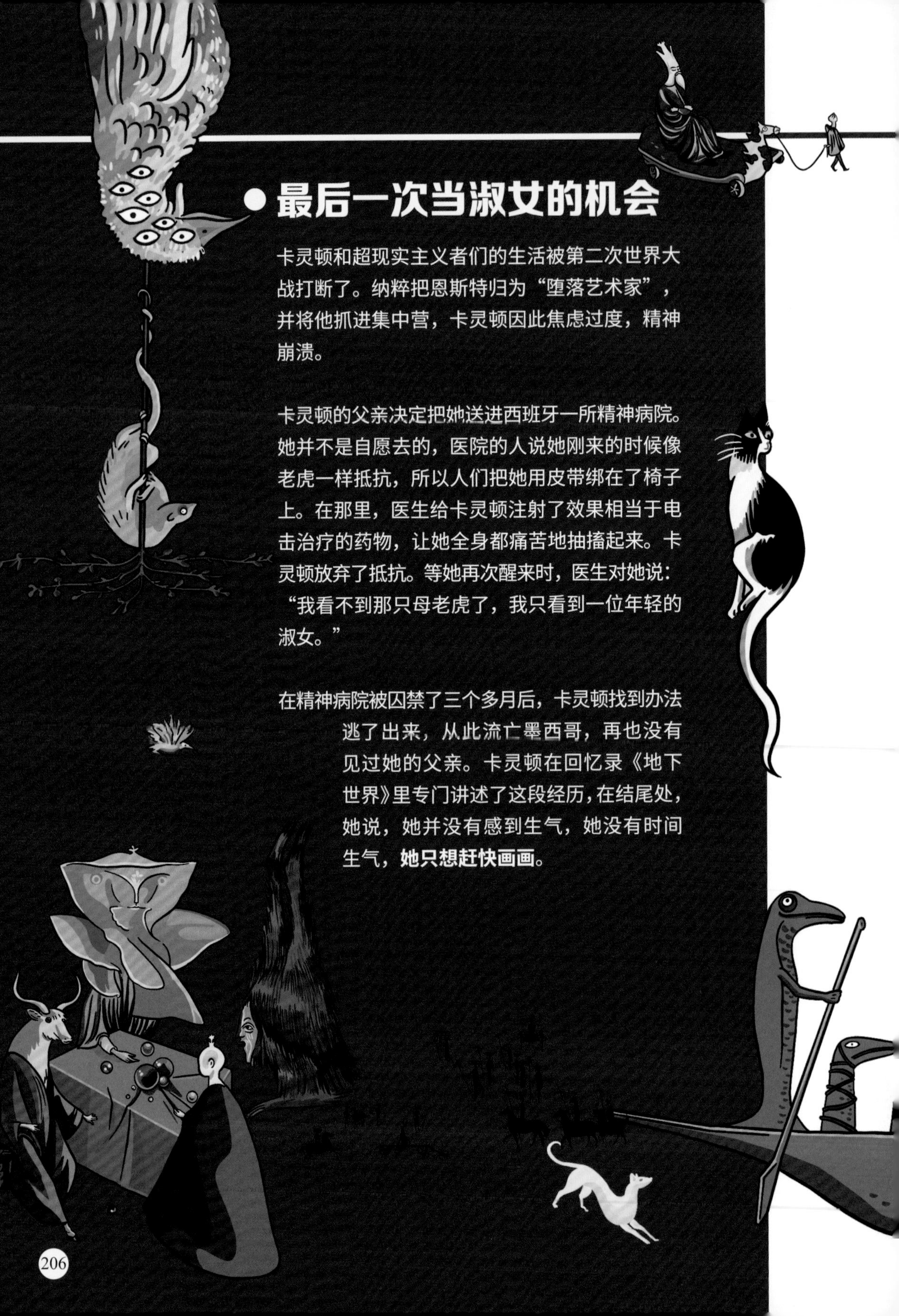

最后一次当淑女的机会

卡灵顿和超现实主义者们的生活被第二次世界大战打断了。纳粹把恩斯特归为“堕落艺术家”，并将他抓进集中营，卡灵顿因此焦虑过度，精神崩溃。

卡灵顿的父亲决定把她送进西班牙一所精神病院。她并不是自愿去的，医院的人说她刚来的时候像老虎一样抵抗，所以人们把她用皮带绑在了椅子上。在那里，医生给卡灵顿注射了效果相当于电击治疗的药物，让她全身都痛苦地抽搐起来。卡灵顿放弃了抵抗。等她再次醒来时，医生对她说：“我看不到那只母老虎了，我只看到一位年轻的淑女。”

在精神病院被囚禁了三个多月后，卡灵顿找到办法逃了出来，从此流亡墨西哥，再也没有见过她的父亲。卡灵顿在回忆录《地下世界》里专门讲述了这段经历，在结尾处，她说，她并没有感到生气，她没有时间生气，**她只想赶快画画**。

●就像孩子进入了鬼怪乐园

卡灵顿到达墨西哥以后，觉得墨西哥就像是“一个永远在闹鬼的地方”。

古老的传统就是墨西哥现代生活的一部分，阿兹特克文明与玛雅文明都曾在此生根发芽，一切都和欧洲不一样——在欧洲，死亡是不祥的，人们对此讳莫如深，而墨西哥人却可以举行盛大的亡灵节来庆祝死亡。卡灵顿迷上了墨西哥。

在墨西哥，卡灵顿开始勾勒她独一无二的幻想世界。天主教故事、外婆口述的爱尔兰民间故事和墨西哥神话都有可能对她产生过影响，但是你却很难直接在作品里找到对应的神话形象，因为卡灵顿拥有一种孩童般的逻辑，能够不带偏见地接受一切，再创造出全新的东西。

因此，在卡灵顿的小说里，卷心菜可以互相打架，撕到满地都是叶子；在卡灵顿的画里，宗教人物圣安东尼长出了三个头。关于那幅画，卡灵顿还写过一个很孩子气的说明：“可能有人会问：‘为什么那个可怜的老人有三个头？’我总会回答：‘为什么不能呢？’”

卡灵顿在墨西哥的流亡途中，认识了她的丈夫怀兹，还有她最好的朋友——超现实主义艺术家瓦罗。墨西哥艺术博物馆馆长伊内斯·阿莫尔成了卡灵顿的伯乐，为她举办了第一次个人展览，到处宣传她，鼓励收藏家购买她的作品。当时，墨西哥艺术家迭戈·里维拉“提醒”阿莫尔，墨西哥艺术博物馆应该主要展示墨西哥艺术而不是流亡艺术家的艺术时，阿莫尔说：“她们现在都是墨西哥人了。”

里奥诺拉·卡灵顿
小鳄鱼怎么做到的
2000 年

整座城市一起来做梦！

墨西哥城的改革大道上赫然出现了一条巨大的青铜船，由尖嘴利齿、像鳄鱼一样的生物驾驶，在没有波浪的路上假装航行。这是卡灵顿 2000 年捐给墨西哥城的雕塑，她把一个“超现实主义瞬间”带给闹市区的行人，邀请人们一同入梦。

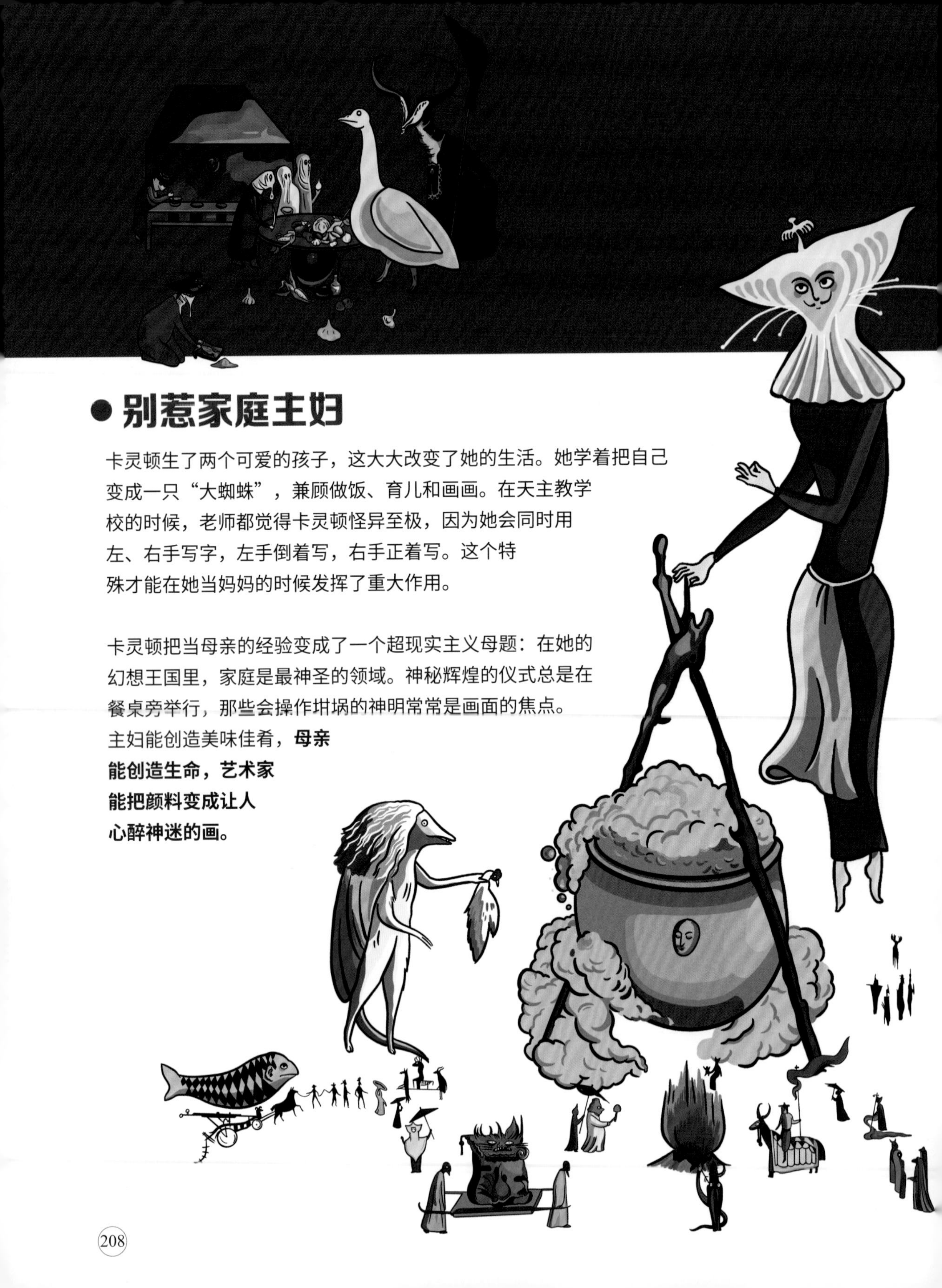

别惹家庭主妇

卡灵顿生了两个可爱的孩子，这大大改变了她的生活。她学着把自己变成一只“大蜘蛛”，兼顾做饭、育儿和画画。在天主教学校的时候，老师都觉得卡灵顿怪异至极，因为她会同时用左、右手写字，左手倒着写，右手正着写。这个特殊才能在她当妈妈的时候发挥了重大作用。

卡灵顿把当母亲的经验变成了一个超现实主义母题：在她的幻想王国里，家庭是最神圣的领域。神秘辉煌的仪式总是在餐桌旁举行，那些会操作坩埚的神明常常是画面的焦点。主妇能创造美味佳肴，**母亲能创造生命，艺术家能把颜料变成让人心醉神迷的画。**

●给小朋友看的超现实主义

卡灵顿尝试用不同媒介传达她幻想世界里的景色。她会写剧本，并亲自设计舞台造型；她还出版精彩的长篇小说，写 92 岁的老奶奶到养老院的一场冒险；如果活到今天，也许她会用视频让人亲历梦中世界。

孩子们通常是通过家里的墙壁走进卡灵顿的幻想世界。

卡灵顿家里的墙壁上画满了幻想的生物、怪异的山水，就像外婆曾经给她讲爱尔兰民间故事一样，她自己也编造传奇，讲述脑袋飞掉的乔治的故事，还有一个孩子不断往沙发里塞食物，直到沙发长出嘴巴的故事。这些故事和绘画就像是一个个梦境的碎片，后来卡灵顿把其中一部分收集了起来，放入绘本《梦的汁液》里，让更多的小朋友进入超现实主义世界。

好像做了很多事，又好像有很多事还没来得及做，卡灵顿就已经 94 岁了。她悄悄地离开了这个现实世界，进行下一场冒险。卡灵顿的好朋友爱德华·詹姆斯在她家房门上写过一句话："这是斯芬克斯的房子。"斯芬克斯是神话里喜欢让人猜谜的动物，可以想象，在这个神秘的动物居住的地方，一定收藏了世界上最多的谜语。

绘本《梦的汁液》
里奥诺拉·卡灵顿著绘

超现实就是我的现实

墨西哥国宝级画家

用想象力呈现伤痕和痛苦

法国政府收藏的第一位 20 世纪墨西哥艺术家

艺术史上著名的女艺术家面孔

* 本章动物和其他形象均来自弗里达画作。

是痛苦的来源，也是对痛苦的安慰

——弗里达生命中的人和动物

亚马逊鹦鹉：波尼托（Bonito）

墨西哥无毛犬：索洛特先生（Mr. Xolotl）

蜘蛛猴：张福郎

弗里达·卡罗（1907—1954 年）

*** 弗里达在科瑶坎的家就像一座动物园，里面养有鹦鹉、小鹿、猫、狗和蜘蛛猴，而且它们都是弗里达画里的常客。**

圭勒莫·卡罗（1871—1941 年）弗里达的父亲

摄影师、业余画家。他会用相机记录身边的建筑和家人，弗里达是他钟爱的小模特。

玛蒂尔德·卡罗（1874—1932 年）弗里达的母亲

虔诚的天主教徒。也许是对母亲的反叛，弗里达总是不愿意去教堂。

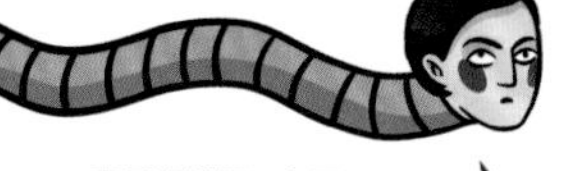

克里斯蒂娜·卡罗（1908—1964 年）弗里达的妹妹

她曾经和里维拉发生婚外情，弗里达和里维拉的关系也因此破裂。离婚后，弗里达在一幅画里把自己描绘成一头身中九箭的小鹿。

里奥·伊洛瑟尔（1881—1976 年）弗里达的医生

弗里达最信赖的医生和最好的朋友之一，也是一位艺术赞助人，他能理解弗里达的痛苦和艺术。当弗里达的画需要解剖图像做参考时，里奥提供了帮助。

迭戈·里维拉（1886—1957 年）著名画家，弗里达的丈夫

弗里达在世时，里维拉作为壁画家、共产主义者和不忠心的情人的名气都远大于她。弗里达说他脸长得像青蛙，身材像大象，还把他画成了存钱罐猪（他为弗里达家人的房子付清了贷款）。里维拉是第一个鼓励弗里达坚持画画的艺术家。

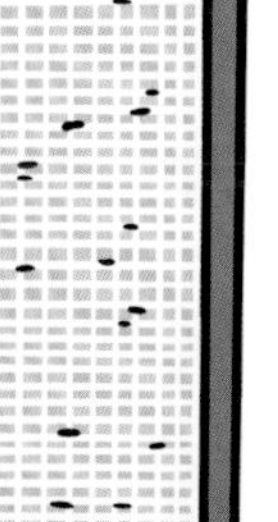

乔治亚·欧姬芙（1887—1986 年）著名画家

欧姬芙是弗里达在美国认识的朋友。虽然弗里达不喜欢以美国为代表的工业主义，但是她喜欢欧姬芙。她们的表达方式各异：弗里达在细小的金属板上画人物，而欧姬芙在巨大的帆布上画花朵。

安德烈·布勒东

布勒东在墨西哥“发现”了弗里达，宣布她是一名超现实主义画家，并把她的画带到了巴黎做展览。他说，弗里达的画就像“绑着丝带的炸弹”。

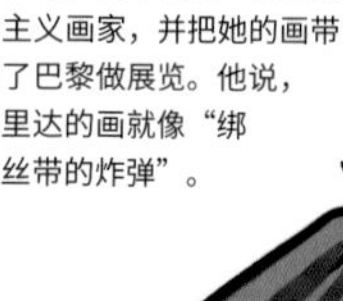

艺术史上著名的女艺术家面孔

有些著名的画家，即使你看遍了他的画作，也不会知道他长什么样。而观看弗里达的画的体验正好相反，只要看过一两幅她的作品，就能把她的相貌牢记于心，尤其是前额上一对标志性的相连的眉毛。

弗里达反复地描绘自己的脸，把它画成了艺术史上著名的女艺术家面孔。她不仅画自己，还画自己成长和热爱的土地、她受到的伤害、她爱过的人、她相信的事，这一切共同组成了弗里达这个人。

弗里达尝过人世间痛苦的滋味，并且能够用最诚实的方式让你感同身受。

超现实就是我的现实

疼痛造就了弗里达

弗里达受伤的历史比她绘画的历史还要长。

18 岁那年，弗里达乘坐的公交车被脱轨的电车撞到了一栋大楼的墙上，公交车的金属扶手刺穿了她的身体。许多乘客当场死亡，弗里达却奇迹般地活了下来。

在卧床复健的过程中，弗里达才正式开始画画。父母给弗里达订购了一个床上画架，方便她躺着画画。弗里达的床顶上有一面镜子，有时她会端详镜子里的形象画自画像。这成了她未来人生的一种常态——带着伤病创作。后来，弗里达还会把自己绑在轮椅上，以支撑自己坐着画画。

在弗里达 47 年的人生中，疼痛常常阻止她画画，但是也给了她**最重要的创作母题**。

* 弗里达“病历” *

1. 先天性脊柱畸形。
2. 6 岁患上小儿麻痹症，导致右腿萎缩。
3. 公交车的金属扶手从腹部左侧刺入，阴部穿出。
4. 车祸导致腰椎多处断裂、盆骨和肋骨骨折，右腿 11 处骨折，在红十字会治疗了一个多月才死里逃生。
5. 石膏胸衣是弗里达的长期伴侣，代替脆弱的脊柱支撑她的身体。
6. 做了脊椎移植手术，从盆骨中取出骨头打进脊椎，但是执行医生打错了位置，弗里达只能又做一次脊椎手术。
7. 盆骨受损严重，一生中流产了三次，最终没有生育。
8. 在去世的前一年，因为右腿长了坏疽，又做了截肢手术。
9. 一生中至少做了 32 次手术。

画自己，并且尽量不说谎

因为行动不便，弗里达最容易接触到的绘画对象就是自己。复健中的弗里达开始画自画像，一遍一遍地审视自我。

弗里达·卡罗
破碎的脊柱 1944 年
现藏于墨西哥多洛雷斯·奥尔梅多博物馆

在弗里达的自画像中，她的眉毛总是连在一起，唇上还长有胡须，有时候看起来几乎像一位英气勃勃的男性。如果你看弗里达的照片，会发现她的眉毛是分开的，胡子也不明显，看起来妩媚、充满野性——那是因为弗里达会修剪自己的眉毛，就像许多人出门前修饰自己一样。

无论是展示自己的外表，还是叙述自己的故事的时候，很多人都会忍不住装饰或隐藏些什么。但是，**弗里达却能够在画里展示一个“未经修剪”的自己，无论真实的自己有多么触目惊心。**

弗里达可以直接把身体撕开给你看：在《破碎的脊柱》里，她把自己做过多次手术的脊椎画成一根摇摇欲坠的罗马柱，身上也插满了钉子；在《两个弗里达》里，她画了穿着新娘礼服和传统特旺那服装的自己，心脏暴露在外，互相扶持着，看起来无比脆弱。

弗里达能够画断腿、血淋淋的伤口和眼泪，却从来没有成功完成过任何一幅描绘少年时期那场车祸的画。也许，是因为弗里达还找不到合适的方式去表达彻底改变她人生的惨烈事故。

弗里达说：“在我的人生中发生过两起事故，一起是公交车车祸，一起是迭戈·里维拉。”

弗里达·卡罗　两个弗里达　1939 年
现藏于墨西哥现代艺术博物馆

“伟大的画家”及其“伴侣”

迭戈·里维拉在回忆录里说，他生命里发生过最幸福的一件事就是弗里达来找他。那时候里维拉已经是墨西哥最著名的壁画家，而素不相识的弗里达径直走进门，打断了正在创作壁画的里维拉，给他看自己在休养期间画的画，请求他给出专业的意见。

很多初学者都会在模仿和炫技之间徘徊，当时才 20 岁的弗里达却知道怎么用自己的方式直接地表达情感。里维拉的意见是——弗里达一定要继续坚持画下去。

他们在两年后结婚了。即使里维拉和弗里达都在婚内和其他人发展过浪漫关系，但他们仍然是对彼此影响最大的爱人。在后来的很多自画像里，弗里达把里维拉的脸画在自己的眉心，就像是她的第三只眼睛、肉体无法分割的一部分。当这只眼睛不忠时，给她带来的是最深切的痛苦。婚后，里维拉接到在纽约现代艺术博物馆举办回顾展的邀请，弗里达一同前往美国。画展获得了巨大成功，弗里达在给母亲的信里说：“所有人都想请迭戈去参加派对、茶会或者喝酒。”但是，弗里达只被人认为是里维拉的第三任妻子，在里维拉忙于工作的时候，代替他去参加聚会的人。

《底特律新闻》发现弗里达也会画画，对她进行了采访，新闻标题却是《伟大壁画家的妻子试水艺术创作》，甚至没有提弗里达的名字。在采访里，弗里达说：

就小孩子的水平来看，迭戈画得还不错，
但是我才是这个家里真正的大艺术家。

15 世纪，欧洲人第一次发现拉丁美洲，但是他们又过了 500 年才发现拉丁美洲还有艺术。

在美国，弗里达找到了一种让自己更有安全感的穿着方式——穿墨西哥人传统的“特旺纳”服装。特旺纳服装宽袍大袖，颜色鲜艳，总是能让弗里达立刻成为众人之中的焦点，也更容易让人们忽略她隐藏在长裙底下的瘦小的双腿。

而且这样穿着的弗里达，就仿佛永远被她的故乡护佑着。

“特旺那”服装

墨西哥文化是弗里达画里最温柔的符号，也是最重要的灵感来源。亡灵节常见的骷髅、纸扎的“犹大”雕塑经常大摇大摆地和她一起吃饭、睡觉；阿兹特克文明中的太阳与月亮之神常常在她自画像的背景中闪耀；在《乳母和我》当中，弗里达化身一个婴儿，从戴着中美洲古代面具的乳母身上吸取乳汁。

在现代主义艺术里，偶尔会有欧洲艺术家尝试在异域文化中找到资本主义世界中不存在的原始天真，把它们变成一种供“文明人”参观的景观，在这个景观里，它们永远贫穷、淳朴、具有观赏性。但是在弗里达的画里，墨西哥文化从来不是衬托自己的方式。墨西哥文化总是充满活力，能提供给她永远的安慰，也唯有在故乡的怀抱中，她才能够安然地做一个孩子。

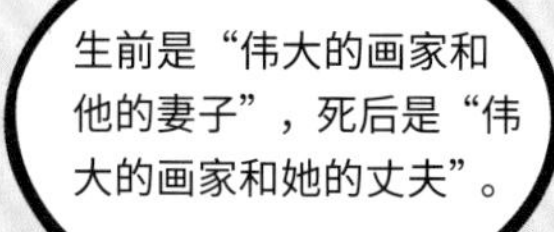

弗里达·卡罗　乳母和我　1937 年
现藏于墨西哥多洛雷斯·奥尔梅多博物馆

小
却无法忽略

如果你去看弗里达的画展，有一件事可能会让你感到惊讶：原来她的许多画是那么小，和一本摊开的书差不多大——因为弗里达长期被病痛折磨，很难像她的丈夫一样持久地投入到大型画作的创作中去。

如果和那些占据一整面墙的巨大油画相比，弗里达的画在博物馆里则很容易被忽略。但是一旦看到它们，你就再也无法移开脚步。弗里达的画里有一种无可名状的亲切感，让人很容易感同身受。这种力量有一部分来自一种长盛不衰的墨西哥艺术形式——**还愿画**。▶

还愿画是虔诚的天主教徒感谢神的一种方式。画里生动地描绘他们遇到困难时如何得到了神的帮助，有时还附有一段文字，以进一步说明奇迹发生的过程。还愿画感谢的内容可以是神让癌症病人康复，神让从梯子上摔下的人免于一死，也可以是神让突然走进房间的父母没有发现躲在床底的男朋友。

这些画面的叙事能力高超，记载了大大小小的烦恼和痛苦，以及一种不经矫饰的情感——如果你去翻寺庙里的许愿签，也会发现一种真诚的活力。毕竟，人在面对神的时候不会说谎。

但是在弗里达的还愿画里，神没有显灵。

还愿画

墨西哥人把还愿画画在小金属板上（比如小锡片、小铝片），这种材料足够便宜，无论什么收入阶层的人都可以向神表达自己的感谢。弗里达也选择了这种创作材料。

* 一般来说，还愿画底部会有一段文字说明感谢的内容。这幅 1934 年的墨西哥还愿画描绘了一个被刺伤的女子，因为神的保佑而免于一死。

* 日耳曼国家博物馆收藏的一幅 1839 年巴伐利亚的还愿画。
* 无论大事小事，都可以成为还愿画的主题。

还愿画步骤图

1. 准备好一块金属板。

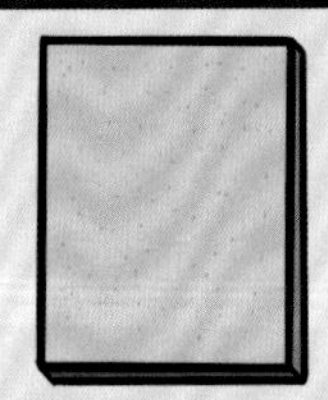

2. 刷上可以使颜料和金属更容易结合的底层。

3. 用铅笔等工具画出轮廓。

4. 用颜料从左到右、从上到下涂满画面。

神不在这儿

弗里达·卡罗　我的出生　1932 年
私人收藏

弗里达曾经数次尝试孕育孩子，却都以流产告终。* 在一次大出血失去孩子后，她的母亲又重病去世。她在休养时画了《我的出生》，并说这是她想象中自己出生的样子。这幅画上也有还愿画常见的说明卷轴，上面却没有字：**没有感谢要表达**，眼前的景象也无法描述。神不在这里。

《我的出生》在艺术史上如此独一无二，其中一个原因是它展示了一个**不具有“观赏性”的、不需要被观众审视和评价的女性身体**。另一幅著名的“诞生”可以和它对比：《维纳斯的诞生》把维纳斯当作女性美的典范，维纳斯从海中升起时羞涩地遮盖身体，被神明簇拥着，看起来恬静、圣洁；而《我的出生》床上的女人遮着脸，身体也简化为一个生育必须的姿势，就像一个用于生产新生命的机器。《我的出生》**颠覆了人们对诞生仪式的神圣、洁净、温暖的想象，呈现了生育很少被人提及的一面。**童话故事总是这样结局：王子和公主结婚了，并生儿育女。**但是在现实生活中，孩子不一定会到来。这是一个失落的母亲的诚实讲述。**

《我的出生》这幅画奇异地包含了弗里达生命中几乎所有重要的主题：流产、死亡、孤独、自画像、神的无作用、墨西哥文化中的表达，以及观看自己出生这样一个“不可能场景”——后来有人尝试把它归类为“超现实主义”。

《我的出生》被歌手麦当娜买下，极少借给博物馆展览。她在接受《名利场》采访时谈起过它，说这幅画成了她友谊的判断标准：“如果你不喜欢这幅画，你就不可能成为我的朋友。”

弗里达·卡罗　戴着荆棘项链与蜂雀的自画像 1940 年
现藏于美国德克萨斯大学奥汀分校哈里·兰索姆中心

桑德罗·波提切利　维纳斯的诞生　约 1485 年
现藏于意大利佛罗伦萨乌菲齐美术馆

* 弗里达一生没有孩子，她在自己居住的“蓝房子”里养了许多动物，它们就像她的孩子一样。这些动物还都是她画里的主角。

超现实主义给人一种奇妙的感觉，就像一个人在他以为只有衬衫的衣柜里面，突然发现一头狮子！

嗷呜！

弗里达不是一块新大陆

1938 年，超现实主义画派创始人安德烈·布勒东来到墨西哥演讲，见到了弗里达创作的《水之赋予》后，立刻宣布她也是一名超现实主义画家，并邀请弗里达来巴黎办画展。

《水之赋予》描绘了弗里达坐在浴缸中幻想的景象，她生命中的重要事物在水中一一浮现。美国摩天大楼、特旺那服装、墨西哥骷髅、父母，还有死在树上的巨鸟、即将喷发的火山等暗示性符号，像一部多重隐喻组成的自传。它正巧符合布勒东给超现实主义创作下的定义：画家要进入一种半梦半醒的无意识状态画出他的所见，才能超脱于现实。但是弗里达的灵感并不是由梦境或催眠赋予的，这些符号来自真切的生活经历和文化传说，这像是个意外的误会。

无论如何，这是一个成功的前兆。弗里达先在纽约的朱利恩·列维画廊办了首次个人展览，随后，展览到了巴黎，并得到了空前关注，毕加索、康定斯基都称赞弗里达画作的美妙，胡安·米罗甚至给了她一个大拥抱。

不过，巴黎的展览并不是弗里达个人展览，而是“墨西哥艺术展”。弗里达的画被摆在布勒东在墨西哥跳蚤市场收集的小玩意儿之中，共同组成了一块刚刚被欧洲人发现的“新大陆”。弗里达在给情人的信中表达了她的不满，说布勒东就像一只蟑螂，而巴黎的艺术团体中充斥着虚伪的人：

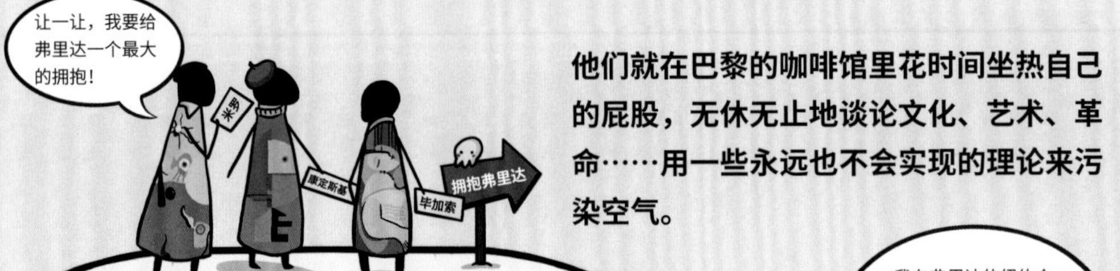

他们就在巴黎的咖啡馆里花时间坐热自己的屁股，无休无止地谈论文化、艺术、革命……用一些永远也不会实现的理论来污染空气。

我在弗里达的纽约个展上出过力。只是在巴黎，做了一点小小的改动。

安德烈·布勒东

水之赋予

生命万岁！

弗里达的传记和电影特别喜欢描绘她在墨西哥的第一次个人展览。当时她已经病得无法下床，当所有人都以为她不会来参加开幕式，她伴随着救护车的警笛声，躺在担架上被人抬进了大厅。她表情严肃，被关心她的人包围着。这个具有超现实意味的场景，就像是一个极好的给人生画下句点的方式。

弗里达·卡罗　椰子的眼泪　1951 年
现藏于美国洛杉矶郡艺术博物馆

毕竟，除了荣耀，余下更多的是痛苦。

有一天早上，弗里达醒来，发现自己右脚的四个脚趾都变黑了。医生得出结论，认为必须截肢。这时，里维拉仍然在出轨，这让弗里达心痛。弗里达无法走路，开始画桌面上的寻常水果来表达她的感受。被对半切开的哈密瓜瓤就像一张在尖叫的嘴；撕开果皮的火龙果仿佛在流血；被竹签刺穿的水果就像她受伤的身体；椰子壳空荡荡的，从中流出了眼泪。

弗里达·卡罗　生命万岁　1954 年
现藏于墨西哥弗里达·卡罗博物馆

最后，弗里达画了一组大大小小的西瓜，瓜瓤鲜红，就像流动的血液，她给这幅画起名《生命万岁》。画完不久，她就离开了人世，遗体火化后被放入了一个青蛙形的骨灰盒。她以前总说，迭戈的脸长得就像一只大青蛙。

弗里达生前在墨西哥科瑶坎居住的房子外墙是明亮的蓝色，被当地人亲切地称为“蓝房子”。在弗里达死后，这座房子被改为弗里达·卡罗博物馆，爱她的人们不断来到这里，触摸她生活过的痕迹。

前哥伦布时期青蛙形罐，现藏于墨西哥弗里达·卡罗博物馆

Tamara de Lempicka

塔玛拉·德·莱姆皮卡

我记录
纸醉金迷
的时代

**创造艺术史上独一无二的
装饰艺术风格肖像画**

定格城市居民阴郁、饱胀的美

**以形形色色的人物
来投射一个奢靡而失落的时代**

我们都爱大明星

艾德丽安·戈斯卡
（1899—1969 年）
妹妹，建筑师

艾德丽安在巴黎是小有名气的建筑师，她的雕塑还入选过秋季沙龙。艾德丽安包办了塔玛拉巴黎豪宅内的所有的室内装修和家具设计。

安德烈·纪德
（1869—1951 年）
好友，作家

塔玛拉热爱派对、舞会和沙龙。在人群中，她总是闪闪发光、让人着迷的那一位。塔玛拉在沙龙中结识了许多文学和艺术界的明星，包括安德烈·纪德。

拉乌尔·库夫纳男爵
（1886—1961 年）
第二任丈夫

库夫纳男爵是塔玛拉的赞助人之一，为自己和他的情人订购了许多肖像画。在他的夫人死后，他向塔玛拉求婚，让塔玛拉拥有了“男爵夫人”的头衔。

基泽特·德·莱姆皮卡
（1916—2001 年）
女儿

基泽特从少女时期到 40 岁的样貌都留在了塔玛拉的画里，但是，实际上她和塔玛拉相处的时间并不多。基泽特大部分时间在寄宿学校，塔玛拉的许多朋友甚至不知道基泽特的存在。在朋友们的眼中，塔玛拉是一位富有魅力的独身女性，她也没有努力去纠正这个印象。

阿方索十三世
（1886—1941 年）
好友，西班牙国王

塔玛拉曾经说：“我画过国王和妓女……我只画那些能够激发我和震撼我的人。”西班牙革命后被迫退位的国王阿方索十三世就是其中之一。他俩一起旅行时遇到了几个失业的面粉厂工人，阿方索十三世对工人们说：“我曾是西班牙国王，我也失业了。”

塔玛拉·德·莱姆皮卡
（1898—1980 年）

机械时代
人的欲望

1929 年，德国时尚杂志《女士》（*Die Dame*）7 月刊的封面是一幅震撼的自画像——一位金发美人驾驶价值不菲的绿色布加迪跑车，神情镇定自若。

这位金发美人的脸后来被誉为现代历史上最让人难忘的面孔之一。这幅自画像有一个充满隐喻性的标题——《自画像》（*Autoportrait*），“自”（auto）既表示“自我的”，也表示“自动的”，后来干脆成为英语里“汽车”的代名词。这幅《自画像》告诉观众，一个女人不但拥有对机器的掌控能力，还拥有财富自由，掌握着自己生活的方向盘。

不过，画家塔玛拉·德·莱姆皮卡自己实际上驾驶的是一辆雷诺，而非布加迪。画里的女人的脸和汽车引擎盖一样棱角分明，闪闪发光，象征着一种比现实更美好的、如同齿轮一般严丝合缝的机械时代的生活——就像广告。

这是塔玛拉的画作给人的最初印象。在塔玛拉的画里，没有苦行僧似的人物，没有理想，没有道德准则——没有斩钉截铁的东西。

只有暧昧的、高涨的欲望。

艺术和享乐我都需要

塔玛拉·德·莱姆皮卡走上艺术之路的起因很简单：她们一家人在俄国革命爆发后流亡巴黎，发现光靠变卖珠宝无法维生，妹妹劝她找份工作——她决定当个艺术家。

在 20 世纪 20 年代的巴黎，几乎满大街都是艺术家。人们在沙龙与咖啡馆之间徘徊，守着自己的画作等待成名。为了突围而出，塔玛拉创造了一整套艺术销售策略，包括：

· 确定一种与众不同的画风

塔玛拉拣选了适合自己的风格：抛弃线条不明晰的印象主义，软化太激进的立体主义，吸取未来主义当中迷人的部分（对机械时代的崇拜），用来装饰最流行的主题——优雅的当代人。塔玛拉的画永远能让人一眼就认出来，她也骄傲地说：画廊会为她的画准备最好的位置，因为它们最吸引人。

· 瞄准一个富裕的客户群体

塔玛拉在美妙的派对和充满思想交锋的文学沙龙之中找到了她的支持者——有头衔、有财富的人。他们愿意付出高得吓人的价钱来购买一幅独特的肖像。

· 维护一个神秘而富有魅力的形象

塔玛拉在从第一任丈夫那里获得的姓“莱姆皮卡”之前加了一个“德”字，让它听起来像个贵族。她的年龄和出生地也总是在改变，可能是波兰华沙，也可能是莫斯科或者圣彼得堡（第一次秋季沙龙展览时，她说自己只有 16 岁）。她总是打扮得像个电影明星，随时准备向潜在的客户推荐她的作品，也随时准备再编造一个关于自己的传说。

一个衰朽时代的记录

塔玛拉·德·莱姆皮卡
拉萨尔公爵夫人的肖像
1925 年
私人收藏

塔玛拉・德・莱姆皮卡在巴黎的风头一时无两。

哪怕是不认识塔玛拉的观众，也总会有见到她作品的机会。她的画作常是时尚杂志的封面、电影的宣传海报、沙龙和展览中的常客，就连她在巴黎购置的豪宅也是杂志报道的对象，无论是她梳妆台上的化妆品、专门为纸牌游戏和鸡尾酒会设置的室内专区，还是绘画裸体模特的过程，都有新闻价值。有一部拍摄她的工作室的短片直接取名叫《现代工作室》，塔玛拉本身就是一个现代的标志。

塔玛拉享受这个时代。每次她的画作售出以后，她就把收入置换成更多的享乐——诱人的糕点、闪闪发光的手镯和昂贵的旅行。

塔玛拉不害怕一切现代的东西。许多人描绘美人、宫殿和山河，但是却不敢描绘电话、自行车和洁面乳，因为没有可参照和抄袭的对象。塔玛拉创造了一种新的范式，在画作里引入摩天大楼和汽车这些当时最流行的符号，让人物的轮廓、机械的轮廓与整座城市的轮廓融为一体。她创作的人物形象都是巨大而坚不可摧的，就像几百年前意大利画作里那些浑圆的英雄一样，不同的是，她们穿着巴黎时下最流行的服饰，看起来仍然像不朽的经典。

在塔玛拉的画里，人与机械、人与城市的欲望和速度几乎完全一致。无论塔玛拉画中的人物所处的时代如何，显然，他们都做好了和那个时代“同流合污”的准备。

再次逃亡

塔玛拉和第一任丈夫离婚后，嫁给了曾经委托她画像的库夫纳男爵。从此，她拥有了自己的头衔——男爵夫人。

不久，塔玛拉感受到欧洲的气氛再次变得紧张。有一次，她在东阿尔卑斯山附近度假时遇到了神采飞扬的希特勒青年团，便暗暗定下了离开欧洲的计划。她说服男爵处理掉在欧洲的财产，和她一起去美国。

1939 年 2 月，巴黎的一份报纸报道了塔玛拉在公寓里举行盛大的告别派对。同年 9 月，纳粹德国入侵波兰。

塔玛拉·德·莱姆皮卡
戴手套的年轻女士
1930 年
现藏于法国乔治·蓬皮杜国家艺术文化中心

过于成功的宣传

塔玛拉带着财富和爵位来到美国，比起刚在巴黎起步时的状况好得太多了。在塔玛拉位于洛杉矶比弗利山庄的新住处里，可以举办容纳达 400 人的鸡尾酒派对。塔玛拉期待着更大的成功。

媒体已经准备好了。在塔玛拉 1941 年的个人巡展开始之前，报道里冠以她的头衔是“好莱坞明星最喜爱的艺术家”“拿笔刷的男爵夫人”。关于塔玛拉的报道经常出现在报纸上，比如传授女人梳妆打扮的秘诀，比如为自己的作品《苏珊娜与老者》公开征集裸体模特——她知道怎么样让聚光灯打在自己身上。

或许因为这些宣传太成功，口号响亮得盖过了画作本身，或许在经历过大萧条的美国人看来，那些纸醉金迷的形象显得有点过时了。塔玛拉的展览没有得到好评，甚至没有引起大规模的争论。塔玛拉像是砸进水里的一记重锤，消失得无声无息。

过时的荣光

1942 年以后，塔玛拉仍断断续续地展出作品，但是隔的时间越来越长。塔玛拉尝试画得更抽象一些，更超现实主义一些，但是都没有引起更大的反响——她停下了。

1972 年，巴黎卢森堡美术馆举行了一个名为“1925—1935 年间的塔玛拉·德·莱姆皮卡”的回顾展，展出塔玛拉最辉煌的十年间的作品，向人们介绍她作为欧洲艺术界宠儿的那个时代。塔玛拉对此不太高兴——她还活着，怎么可以被“回顾”？

塔玛拉晚年居住在墨西哥。据小她 43 岁的朋友维克托·孔特雷拉斯说，在她举行的派对上，年轻人总会认真听她讲过去的故事，讲那些出现在历史书里的名人和艺术家。当她穿起长礼服的时候，仍然是那么优雅动人。

但是，1925—1935 年的塔玛拉已经消失了。

塔玛拉去世后，人们对她有了新的兴趣。至今，她的画仍然在拍卖行，不断打破自己创造的拍卖纪录。据说，歌手麦当娜收藏了她的大量作品，数量几乎足以成立一家博物馆。在麦当娜 1986 年发布的《打开你的心》的音乐录影带里，第一个镜头就是塔玛拉的画，在音乐录影带里，麦当娜唱道：“打开你的心，我会让你爱上我。”

不是终点的终点

1980 年春天，维克托和塔玛拉的女儿基泽特一起搭乘飞机，把塔玛拉的骨灰撒在了波波卡特佩特火山上。这是塔玛拉的遗愿，像是一个怪诞、冷清的派对。在巴黎，塔玛拉的形象是一位迷人的独身女性，那时候，她从不让女儿参加她的派对。

塔玛拉·德·莱姆皮卡
哥伦比亚女人
1920—1929 年
私人收藏

第六章

美国 20 世纪

观众总是公正的吗？历史总是公平的吗？

我们无法回答这些问题。阅读的故事越多，这些问题就越难以解释——为什么观众选择热爱这一个，而遗忘那一个？为什么有女艺术家总是在暮年甚至去世多年后才被发现，而不是在她仍有创作精力的时候，给她那些桂冠？

还有多少隐没的女艺术家，在故纸堆中等待时机？而当她们重见天日时，人们是否真的做好了挑战自身偏见的准备？

隐藏的问题——女艺术家在哪里工作？

当塔玛拉·德·莱姆皮卡在美国显得过时的时候，另一种新风格渐渐在纽约风头无两，那就是“抽象表现主义”。它至今仍然影响深远：2006 年，抽象表现主义艺术家杰克逊·波洛克的《1948 年第 5 号》在苏富比拍卖行以 1.4 亿美元的价格成交，成为当时世界上最贵的画。

波洛克的作画过程相当有趣：他抛弃传统画架，把画布铺开在地板上，走来走去，用刷子、木棍甚至针筒滴洒颜料，丢烟头和钉子，让作品成为他的创作过程和心理状态的忠实反映——一幅画就是一位艺术家生活和行动的总和。这种技巧被称为“滴色画”，让艺术爱好者津津乐道。

不过，很少有人注意到，这种创新的、伟大的作画方式背后暗示了什么——**暗示他拥有一个巨大的创作空间，可以在地板上随意走动，创作大型画作**（波洛克的代表作《秋韵：第 30 号》长 5.26 米，宽 2.67 米），并非每个艺术家都拥有这样的条件。波洛克和妻子李·克拉斯纳在长岛买了一所房子，波洛克在谷仓工作室创作，而同是抽象表现主义艺术家的克拉斯纳分到的却是阁楼上的小房间。可想而知，这个时期克拉斯纳的作品当然是以小幅绘画为主。

有人说，艺术是按亩计算价格的，是这样的吗？

我拒绝回答这个问题。

记者

拍卖行主管

画作越大，价值越贵吗？

多数时候是如此——同一位艺术家的作品，题材也类似的话，大的那幅画定价会更高些。许多人认为画幅越大，说明艺术家在上面花的心血越多（即使很多时候情况并非如此）。有时，在拍卖行，尺幅太小的画还会面临流拍的风险。

题材决定了空间，空间也决定了题材

画历史题材的安吉里卡·考夫曼，需要至少三间房间——一间足够放下尺寸巨大的历史画的画室，一间给有财力购买这些画的客户欣赏画作的会客厅，一间自己休息的卧室。* 如果没有这样的条件，艺术家可能根本就不会选择历史画题材（比如，玛丽亚·梅里安培育昆虫、观察昆虫和绘画的地方都是厨房，在厨房里是绝对不可能画历史画的）。像克拉斯纳一样，有时候女艺术家都是分到较小的房间；或者，甚至没有独立的房间。

一生都在重塑自我艺术风格
用笔刷刷出激烈的情感

对过去的作品毫不留情，直接拆解
拼贴出新作品

纽约现代艺术博物馆
至今只为五位女艺术家举办过回顾展
她是其中之一

因被忽视而出名

1940 年，李・克拉斯纳代表美国抽象表现主义艺术家协会在纽约现代艺术博物馆外发传单，传单标题是“展出美国的画”。

“抽象表现主义”就是在克拉斯纳这样充满热情的艺术家之中成长起来的，它并非指一种固定的风格，而是一群人的创造：有人滴洒颜料，有人用纯粹的色彩进行实验，来表达二战后人的心理。

但是，这样一个看似包容的松散联盟，却无法容下克拉斯纳。克拉斯纳参与了抽象表现主义在纽约建立起声誉的全过程，却被评论家无情忽视。

评论家蒂姆・希尔顿在《观察家报》上是这么介绍李・克拉斯纳的：“杰克逊・波洛克的遗孀，长期被遮蔽，现在处在一个奇怪的位置上——因被忽视而出名。”

汉斯・霍夫曼
（1880—1966 年）
画家，抽象表现主义先驱

霍夫曼是李・克拉斯纳的老师，他将当时欧洲最受瞩目的大师的风格都教给了她。在课堂上，霍夫曼会把学生的画作撕开，向他们展示如何用碎片重新组合色块和构图，创造更有冲突感的画面。有一次，霍夫曼“夸奖”克拉斯纳说：“你画得太好了，简直看不出来是女人画的。”

佩姬・古根海姆
（1898—1979 年）
收藏家

古根海姆的“本世纪艺术画廊”率先挖掘了波洛克，但古根海姆对克拉斯纳的艺术没有太大兴趣。第一次参观波洛克的画室时，她先看到了许多署名“L.K.”（李・克拉斯纳的缩写）的画作，不耐烦地说：“我不是来这看 L.K. 的画的。谁是 L.K.？”

皮特・蒙德里安
（1872—1944 年）
新造型主义画家

蒙德里安来到纽约后，加入了美国抽象表现主义艺术家协会。他看过克拉斯纳的抽象作品后，评价道：“你拥有一种强烈的内在节奏，绝对不要抛弃它。”

杰克逊・波洛克
（1912—1956 年）
丈夫
抽象表现主义画家

克拉斯纳和波洛克从 1942 年开始交往，1945 年结婚。从那时起，克拉斯纳就不仅是波洛克的妻子，还是他的厨师、经纪人、照顾者，总是冲在寡言少语的他前面，向收藏家、艺术家和评论家介绍他的作品。

……

李・克拉斯纳

克拉斯纳常常被人忽视。有一次，巴奈特・纽曼想请纽约的先锋艺术家参与请愿活动，电话打到波洛克家，克拉斯纳一接通，纽曼就说：“我找波洛克。”纽曼没想过找克拉斯纳，即使她当时在纽约也是活跃的抽象艺术家。这也不是克拉斯纳人生中第一次听到“你好，我找波洛克”。

人是永恒不变的吗？

在克拉斯纳五十多年的创作生涯中，她不断地转换风格，从来不肯固定下来，每个时期的画都不一样。这让画廊经营者头疼：他们根本不知道该如何推销她的画，也不知道如何说服她给自己创造一个鲜明的标签。当艺术是一门生意的时候，市场会希望艺术家拥有一个稳定的面貌，然后持续创作一个已经被证明成功的风格——市场假设人从来不会改变，改变意味着冒险。但是克拉斯纳就是要改变。

克拉斯纳说："我的画都是自传性的，如果有人愿意花时间去阅读它的话。"也就是说，当她的生活变动不居，她的画作也会随之产生翻天覆地的变化。

克拉斯纳用分析立体主义的方式解构人体和静物，画出一系列漂亮的炭笔画，让抽象表现主义的先驱汉斯·霍夫曼视她为自己最好的学生。克拉斯纳只用纯粹的色块组合就能让人感觉到死亡降临的不祥气息，创作出一系列预言性的画作，它们正好完成在波洛克出车祸之前。当拥有独立的大画室之后，克拉斯纳就开始往墙上的画布泼洒颜色，有时甚至跳起来画画，让整幅画和她身体运动的韵律一致。

虽然把克拉斯纳的画摆在一起，几乎看不出是同一个作者，但是一种不断改变自己艺术面貌的决心又在其后涌动。

从“也是艺术家”到“艺术家”

这是艺术家李·克拉斯纳。

不过，更多人叫她“波洛克夫人”，即使她从来没有改过自己的姓。

在媒体报道里，她还有一个名字，叫作“也是艺术家。”

可是，“也是艺术家”的野心却比谁都大。她觉得，有生之年一定要在纽约现代艺术博物馆办回顾展。

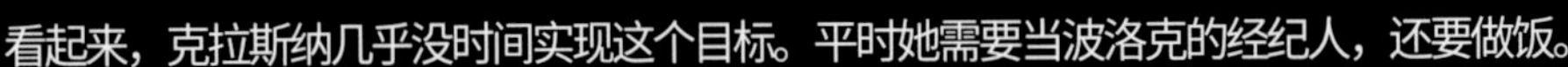

看起来，克拉斯纳几乎没时间实现这个目标。平时她需要当波洛克的经纪人，还要做饭。

婆婆，上一届波洛克夫人

更重要的是，她没什么**空间**。

1945 年，他们借钱买了一所房子，波洛克拥有一个谷仓工作室，开始尝试“滴画”，之后迅速成名。

与此同时，克拉斯纳分配到的是楼上的小阁楼，她在“夹缝”中坚持创作。

克拉斯纳捡废品和贝壳，做漂亮的马赛克桌子。她把颜料厚厚地铺在画布上，再慢慢刮掉，刮出神秘难解的小图像。

波洛克也用自己的方式回报克拉斯纳的付出，他介绍画廊办了克拉斯纳的首展，还立下遗嘱，把自己所有的财产都留给她。

不过，克拉斯纳的首展一幅画也没卖出去，评论家们对“波洛克夫人”缺乏耐心。

1953 年，他们买了一所小棚屋，并把它改成了克拉斯纳的工作室，克拉斯纳终于有了一个独立空间，可以把自己的作品铺开了。

但是，克拉斯纳对自己的作品越看越不满意，把它们都撕碎了。

几周后，克拉斯纳再回到这里，发现自己面对的不是一片废墟，而是可以由所有失败组成的新作品。

克拉斯纳开始尝试拼贴。这种不断修订自我艺术面貌、重新开始的决绝，征服了许多评论家。

克拉斯纳突然被人看见了。

1956 年，
波洛克因为酒后驾驶，发生车祸去世。

* 波洛克去世后，克拉斯纳才去学了开车。之前波洛克不希望她学开车，害怕她因此走得太远。

李 · 克拉斯纳　沙漠之月　1955 年　现藏于美国洛杉矶郡立美术馆

克拉斯纳再次消失了，这次她是“毕加索以后最伟大的艺术家”遗产的唯一执行人。

收藏家、画廊、博物馆，无数人等着从我手里弄到一幅价值连城的画。

克拉斯纳要把波洛克的作品放进最重要的博物馆，而不是仅仅流入富豪的宅邸，再也不会被人看到。

同时，克拉斯纳还严格控制波洛克作品的价格，不轻易低价出售。

她做到了。

艺术家的突然死亡会带动流行趋势。但是，波洛克的画很难买到。于是，一些人开始转而购买其他抽象表现主义艺术家的作品，让他们作品的价格也变高了。

这个讨厌的女人间接抬高了美国当代抽象表现主义艺术的价格！

哈罗德·罗森伯格，评论家

赚钱好开心呀！

抽象表现主义艺术家

当一个众所周知的讨厌鬼的好处是，没人管她画什么，怎么画。

克拉斯纳搬进了波洛克的大谷仓工作室，又开始了新的尝试——画一整面墙的巨幅画作。（《四季》）

克拉斯纳沉浸在失去波洛克的悲伤中，却仍然画出了狂乱的四季的韵律，生活下去的勇气也蕴藏其中。

克拉斯纳继续

突破。

1974 年，克拉斯纳发现了许多自己在遇到波洛克前画的炭笔画，她把它们剪成棱镜碎片一样的尖锐纸片，再拼贴起来。

这时候，人们才意识到，早在克拉斯纳成为“波洛克夫人”之前，她就是一位拥有独特视角的先锋艺术家了。

1978 年，在纽约的抽象表现主义回顾展里，终于出现了克拉斯纳的画。这一年，她已经 70 岁了。

纽约现代艺术博物馆计划在克拉斯纳 76 岁那年举办她的回顾展。

在去世前，克拉斯纳成立了波洛克 - 克拉斯纳基金会。基金会的宗旨是：为更多和克拉斯纳以及波洛克一样等待被认可的艺术家提供资金帮助。

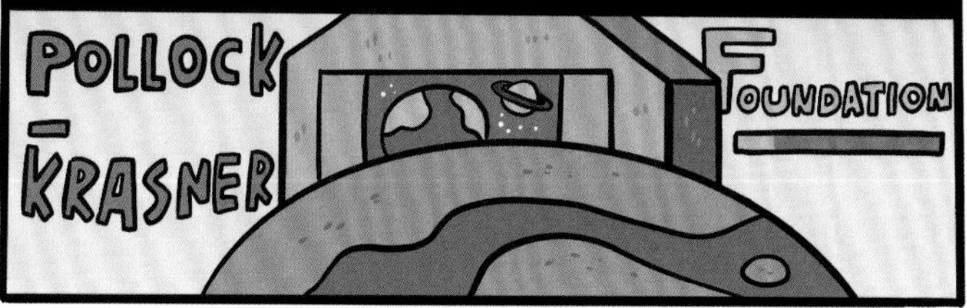

这大概就是李・克拉斯纳的创作哲学：
生活中可能出现种种遗憾、痛苦、不堪，
但是，对她来说，这些都并非失败。

**克拉斯纳抱着编辑一切的决心，
不断裁剪过去，
站在自己的废墟上，
直到创造出新的事物。**

Georgia and Ida O'Keeffe
乔治亚·欧姬芙和艾达·欧姬芙

世界上最贵的女艺术家和……谁？

美国现代主义之母
擅长绘画花朵的特写

发掘出自然风景超现实的一面
让日常事物拥有纪念碑般的质感
而她的妹妹艾达从未在艺术史中获得纪念碑

我们
都是欧姬芙！

对一些人来说，“欧姬芙”这个姓代表一个伟大的艺术家；对另一些人来说，“欧姬芙”这个姓，指向不止一位艺术家。

弗朗西斯·欧姬芙
（1853—1918 年）
父亲

艾达·登·艾克·欧姬芙
（1904—1997 年）
母亲

妻子罹患肺结核后，家中的经济每况愈下，但是他们还是坚持让每一个孩子都完成了学业。

呃，我只认识一个欧姬芙。

纽约现代艺术博物馆（MoMA）

乔治亚是第一个在 MoMA 举办回顾展的女艺术家。

弗朗西斯·欧姬芙（二世）
（1885—1959 年）
老大，建筑师

安妮塔·欧姬芙
（1891—1985 年）
老四，慈善家

抱歉，我只有时间推销一个欧姬芙。

阿尔弗雷德·斯蒂格利茨
（1864—1946 年）
摄影师，策展人，乔治亚的丈夫

阿历克塞·欧姬芙
（1892—1930 年）
老五，工程师

凯瑟琳·欧姬芙
（1895—1987 年）
老六

凯瑟琳曾是画家，后来不再公开展出她的画作。

克劳迪娅·欧姬芙
（1899—1984 年）
小七，和大家关系很好的妹妹。

很多人不知道，在我们家里其实不止一位艺术家，今天就让我来介绍我的大姐和二姐的故事。

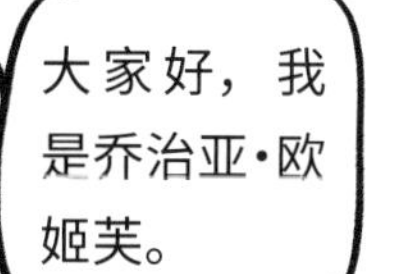

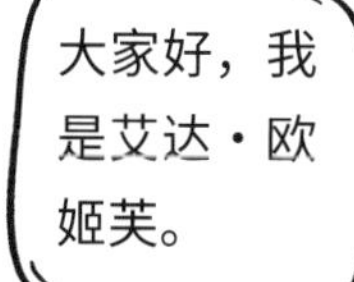

乔治亚·欧姬芙
老二，艺术家

2014 年，乔治亚的《曼陀罗 / 白色花朵一号》拍出了 4440 万美元的价格，打破了女艺术家作品的拍卖纪录，让她成了“世界上最贵的女艺术家”。

艾达·欧姬芙
（1889—1961 年）
老三，艺术家

艺术是艾达的毕生追求，她在辗转不同的兼职维持生计时，仍然坚持绘画，留下了许多作品，但是她的名气却远远不如姐姐乔治亚·欧姬芙。

颠覆
你看事物的方式

乔治亚・欧姬芙几乎从不画人，她对自然界更感兴趣。从某种程度上来讲，乔治亚只画“自己”——她的内心对世间万物的感受、投射和再创造。

无论绘画花朵、沙漠还是河流，乔治亚都知道如何简化它们，简化成最基本的线条和色块，保留它们最本质的内核。乔治亚能把人们以为自己熟悉的事物变得陌生，暴露出一种崭新的美——寂静的、壮阔的、永恒的美，在她的作品里，小到动物骨头，大到沙漠，都有这种美。

乔治亚突破了欧洲传统绘画的等级框架。只要看一眼她画的风景和静物，你就很难再想像，有什么人类的形体能比她呈现的那片旷野更神圣。

艾达·欧姬芙尝试从描绘日常生活中的事物出发，创造一种精确的平衡感，呈现一种严谨的、按部就班的美。
我们生活的世界可能看起来乱糟糟的，实际上却依照某种严谨的内在规律在运行，而艾达的画就展示了这种奇妙的秩序感——人造的灯塔、海面上的光线、浮动的船只都可以被均匀地切割、变形、重新铺排，直到严丝合缝地融合在一起。
艾达·欧姬芙在绘画中删除了意外和动荡，可惜，这些意外和动荡在人的生活中是删除不掉的。

我是克劳迪娅·欧姬芙，欧姬芙家最小的孩子，不过，更多人把我当成“乔治亚·欧姬芙的妹妹”。

我们在农场长大，土地是我们生活的一部分，食物、灵感和证明自己的方式都从土地里来。乔治亚是我们的大姐，在七十多岁时，她还能在散步时顺便用手杖打满满一盒的响尾蛇，给来采访她的摄影师看。

乔治亚喜欢收藏一切

乔治亚是个收藏家，响尾蛇不过是她的收藏品里微不足道的一种。她收藏花朵、石头，外出时能捡到的各种纪念品。她还收藏巨大的东西，比如天上的星星。有一天夜里，我们在得克萨斯州的旷野里散步，四周除了地平线什么也没有，我把瓶子扔到天上再用枪打下来，而乔治亚忙于看星星，后来她画了许多水彩画。乔治亚能用抽象的色块重现那个夜晚满天星星给人的感觉，让那些星星最终属于她。

在那个时候，爸爸已经卖掉了农场，妈妈得了结核病，我们家一贫如洗，但乔治亚的收藏总是很“富裕”。乔治亚奔波在各个州靠教美术勉强糊口，也总会在闲暇时绘画，收集记忆、情绪、头痛欲裂的感觉。1916 年的一天，她的朋友把那些画拿给著名的摄影师斯蒂格利茨看，让斯蒂格利茨大为倾倒，斯蒂格利茨就是我未来的姐夫。

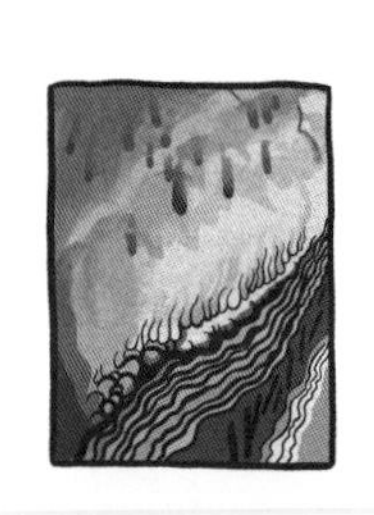

乔治亚·欧姬芙
特别系列 5 号
1915 年
现藏于美国曼尼尔收藏馆

艾达的生活总是被打断

和艾达比起来，乔治亚绝对算不上活泼。艾达是我们的二姐，身上有使不完的劲儿，热衷跳舞、骑马，是学校里的合唱团和篮球队成员，她外出回来时总会给你带一束漂亮的花，并且把它们插得像一幅画一样好看。艾达总是能在日常生活里找到乐趣。

艾达最喜欢的还是画画，不过她只能断断续续地学习。在战争中，许多人的生活都是这样，随时可能被打断，而机会也许就在夹缝中出现。

一战期间，艾达受训成了一名护士。1925 年，她在给一个有钱人当私人护工时开始自学油画。在当时的美国艺术界，如果想要被人当成一个严肃的艺术家，你就需要画油画，像那些欧洲大师一样。艾达从身边的美妙事物着手，比如画瓶子里的花、桌上的苹果或是海滩上的游客，进步神速。1927 年，乔治亚邀请她参加画展，《纽约时报》对“艾达·登·艾克”的画赞誉有加。那时，乔治亚早已在纽约声名大噪，却没人发现艾达也是欧姬芙家族的一员。艾达用了从去世的妈妈那里继承来的中间名字作为姓，也许是希望避开姐姐的阴影，即使这片阴影终将覆盖她。

对画画的喜欢，战争和贫穷都不能阻挡。

如同纪念碑一般的花朵

1918 年，姐夫说服乔治亚搬到纽约，正式向美国艺术界介绍她，而她不用多长时间就得到了纽约人的喜爱，这可能是因为，她总能提供一个意想不到的角度，让人发现那些习以为常的事物的被遗忘的细节，或是让人看到他们从未留心过的事物。

乔治亚最让人疯狂迷恋的就是她那些奇异的花朵绘画，画的像是被放大了无数倍的花的内部，那些柔和的颜色，细腻的质地，一层一层包裹起来的寂静的世界，拥有某种神秘的吸引力——没人见过那么迷人的花朵。乔治亚不是依照生物学的标准描绘花的结构，而是用颜色重现她看一朵花时的感觉。给一朵花足够的时间，让它充满你的眼睛，你会因此发现，花朵竟然可以如此壮观。

花朵不能比人重要？

姐夫把乔治亚的画当作一种女性内在欲望的表达（就像超现实主义者们习惯思考的那样），这一观点影响了不少评论家。连花朵也可以那样解读——因为花朵是植物的生殖器，所以它应该是人类欲望的比喻。对一些人来说，花朵总是没有人类重要。乔治亚对这类评论很厌烦，为此，她将不惜放弃自己最擅长的题材。

乔治亚·欧娅芙
抽象白玫瑰
1927 年
现藏于美国乔治亚·欧姬芙博物馆

发明一种永恒的灯塔

艾达·欧娅芙
灯塔主题变化　二号
1931—1932 年
私人收藏

在第一次展览成功后，艾达趁热打铁，申请了哥伦比亚大学下属的应用艺术学校，开始了为期三年的学习，并最终在那里拿到了艺术学学士和硕士学位。

在那段时间里，艾达对灯塔特别着迷，开始尝试创作抽象绘画。在那一系列作品里，灯塔射出的光线变成线条、色块和形状，成为景物的一部分，让人仿佛看到一座永恒的灯塔，持续转动，照耀它身边的事物，而它发出的每一种光都得到了忠实的记录。这些变幻的光线和它周围的景物，都依照艾达计算好的动态对称构图方式铺排，和灯塔这个形象本身的比喻相得益彰——它永远稳定，引领人走向一个理想的世界。

1933 年，这些画在纽约展出时，艾达使用了自己的真名。评论家热切地表达了对它们的好奇，却用了一种“危险”的方式——他们说，“欧姬芙”不再只是一个人的姓，而是代表了一个艺术之家。也就是说，从那时开始，艾达不再只是我们的二姐，她正式成了大艺术家乔治亚·欧姬芙的妹妹。

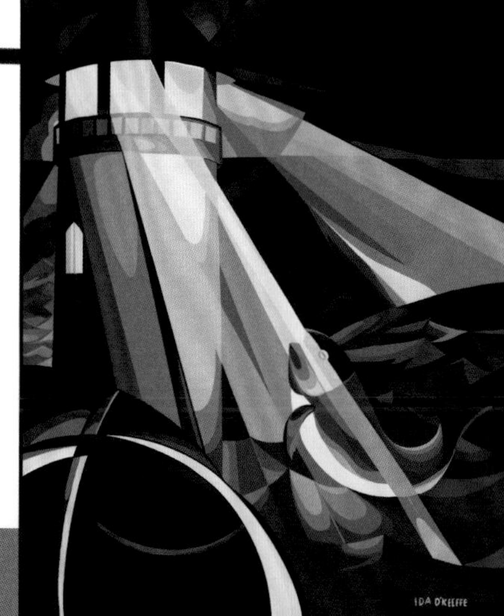

艾达·欧娅芙
灯塔主题变化　七号
1931—1932 年
现藏于美国加州艺术学院和博物馆

发明一种永恒的旷野

1929 年，乔治亚到新墨西哥州旅行，并在那里改变了美国现代绘画的面貌。

那里没有乔治亚习惯画的那种花，仅有一望无际的沙漠、连绵不断的红色山丘，以及难以计数的动物骸骨。而乔治亚把这里所有的沙漠、山丘、云朵、天空和骸骨都重新“发明”了一遍，让云朵变成柔和的抽象符号，山丘变成连绵不断的色块，骨头则变得异常巨大，无声地漂浮在沙漠之上。她的画面有一种“理所当然”的气质，如果从未被工业打扰，自然理应就是这样的，哪怕是再微小的骨头，也是压倒性的、扑面而来的、壮观的。从来没有人这样描绘旷野。**后来，艺术史学者说乔治亚·欧姬芙是“美国现代主义之母”。**

我想，乔治亚更喜欢的称呼是“旅行者”。姐夫去世以后，她常常进行国际旅行，把更多风景画到画布上，比如从飞机上看到的云朵、缩小成几条线的河道、古城遗址的巨大石墙。我想，如果地球继续转动，而乔治亚还能继续画画，她就不会停止拾捡生活当中奇妙的事物。

乔治亚·欧姬芙
在天井，八号
1950 年
现藏于美国乔治亚·欧姬芙博物馆

乌鸦的游戏

当艾达忙于在画布上构建一个秩序井然的世界时，美国大萧条开始了。

接下来的十几年中，艾达通过不同的兼职维持生计，教书、写短篇小说、做护士、画壁画，总是为了临时工作搬家，连个固定的画室都没有。一旦有机会，艾达都会参加展览，争取更多的曝光，但是人们总把她当成“欧姬芙的妹妹”。除了画灯塔，艾达一直没有机会停下来钻研其他主题，发展出一个稳定的风格，更没有遇到一个坚定的支持者。

1943 年，艾达搬到加州隐居，再也不外出展览，最终在那里去世。我保留了艾达所有的画。*

艾达曾经为小学生画科普书，介绍印第安人文化。那本书里有一篇故事叫《乌鸦的游戏》，里面描绘了一个保护玉米田不被乌鸦啄食的小孩。小孩说，有些乌鸦朝玉米冲过去，人就会追，这时候，另一些乌鸦就会在树上呱呱叫，这就是乌鸦的游戏。也许，人生有时候也是这样，为了各种各样的原因奔忙，煞费苦心，最后其实只像一场游戏。

艾达·欧娅芙　田纳西州的皇家橡树　1932 年　私人收藏

* 在克劳迪娅死后，这些作品散失了，有的甚至出现在了跳蚤市场上。至今，还有艾达的许多画下落不明。

艺术史只能记住一个人

我们活着的时候，乔治亚·欧姬芙就已经成了时代的偶像。

乔治亚是 20 世纪被拍摄得最多的艺术家之一，拥有无数的追随者，人们认真研究她的家居装潢、饮食习惯和生活哲学。

1938 年，《生活》杂志说乔治亚是“当下美国最著名的女艺术家”，并刊登了她身穿黑衣在沙漠中拾捡头骨的照片。

人们仰慕的乔治亚就是那样的形象：独自一人，在美国西部沙漠跋涉的冒险者；创造了真正独特的视觉符号的艺术家；一个生活中永远不缺乏奇妙细节的女人。

有趣的是，我觉得艾达也是这样的人。

艾达也是个冒险家，走过美国的许多地方，寻找解构日常生活景物的方法。

如果有人感兴趣的话，艾达在插花方面的创造，或者对骑马的热爱，应该也很值得研究。

甚至连四姐凯瑟琳也曾经说：乔治亚和艾达并不合得来，因为她俩太像了。

但是，
艺术史最终只能留名一个人。
在两个相似的欧姬芙之中，
艺术史只需要一个欧姬芙。
于是，一个拥有纪念碑，
另一个拥有借口。

艺术史最后留下了我。
不过，我不觉得这是一个偶然。在我活着的时候，我就在考虑怎么编辑我的历史，控制我画作的价格，决定哪些画能卖出，哪些画值得留在博物馆。我反复诉说我的故事，直到所有人都觉得我的版本才是真相，他们只能看到我愿意展现出来的部分。
艺术史最后忽略了我。
不过，我不觉得那是决定性的失败。未来的日子还很长，我的许多画现在还没有被找到，等你们看到它们的时候，一定会大吃一惊。

路易斯 · 布尔乔亚

女人只有裸体
才能进入博物馆吗？

71 岁时才出名
持续创作到 98 岁

她的蜘蛛雕塑
三次打破女艺术家雕塑拍卖价格最高纪录
还成为伦敦、东京、首尔、圣彼得堡等
九座城市的永久地标

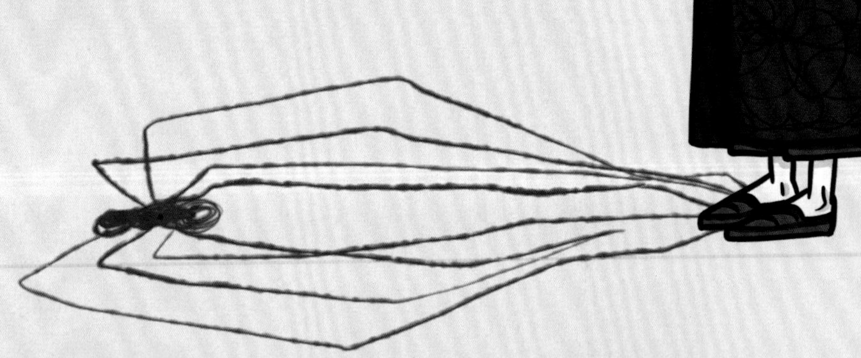

把失去的人和时间召唤回来

路易斯・布尔乔亚曾经在一块织物上写下让她害怕的东西：黑暗、坠落、失眠、空虚……布尔乔亚害怕失去生命中的人和事物，在她的创作里，她不断地与这种恐惧对话，并且尝试把那些已经离开的人召唤回来。

——让蜘蛛占领世界！

路易斯·布尔乔亚的“蜘蛛”是艺术史上最经典的符号之一：

“她”硕大无朋——有些蜘蛛雕塑高达 10 米。
“她”无处不在——已经成为多个国家的永久收藏。
“她”令人好奇——为什么偏偏是蜘蛛？

布尔乔亚反复制作大大小小的蜘蛛雕塑，把“她们”叫作《妈妈》。在布尔乔亚看来，蜘蛛和她的母亲一样，总是耐心地纺织，聪慧过人，是家庭的保护者。同时，蜘蛛也有凶狠、充满威胁性的一面——有些母亲是这样的。在蜘蛛雕塑的腹部装着白色大理石制作成的蛋——蜘蛛母亲勤恳而充满攻击性，是为了保护自己的孩子。

“母亲”是布尔乔亚创作的一个母题。

布尔乔亚反复思考怎么利用自己的回忆，如何在创作中治疗自己的痛苦，如何一遍一遍地讲述那些已经死去的人和自己的故事，就像蜘蛛一样，她携带着自己沉重的记忆生活和创作，直到生活和艺术无法分开。

你准备好听一个可能虚假但足够动人的故事了吗？

路易斯·布尔乔亚把自己的个人生活作为创作材料，不断地回顾过去，用绘画、雕塑、织物和文字重新塑造那些记忆和感觉。因此，她也创造了一个若有若无的骗局——让观众以为他们在作品中读到的个人历史一定是真实发生过的。过去实际上是什么样的我们不得而知，因为布尔乔亚已经让她叙述的这个版本在艺术史上不朽。

一切从纺织开始

布尔乔亚的父母在法国经营挂毯生意。她记得，母亲经常坐在太阳底下缝补挂毯，以无限的耐心修复上面的图案。布尔乔亚的许多童年回忆都和挂毯有关——在河里洗挂毯，挂毯重得需要四个人才能举起来；想象挂毯破损的部分应该补上什么样的图案，并画下来给家人做参考。布尔乔亚在家庭中目睹了针如何起作用——它可以修补物品，同时，它也可以刺伤人。

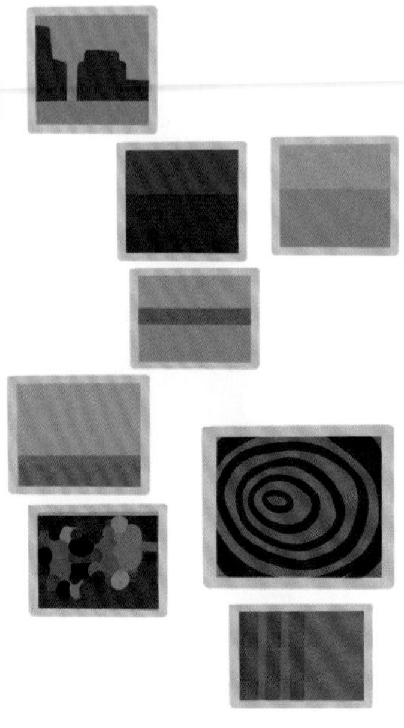

路易斯·布尔乔亚　比耶夫尔颂歌　2007 年

布尔乔亚用布做了一本 24 页的书，纪念陪伴她长大的比耶夫尔河，她的家人们在这里给挂毯染色。布尔乔亚在布上印染图案，或缝补和拼接布料，重现一条河流可以拥有的色彩、波纹和漩涡。从这本书来看，布尔乔亚的童年似乎灿烂又浪漫。

《儿童虐待》

布尔乔亚童年回忆的另一部分是父亲的婚外情。父亲出轨她的家庭教师后，她感到了一种双重背叛，不仅父亲背叛了身为父亲的职责，家庭教师也背叛了自己原本应该扮演的角色。而布尔乔亚觉得自己成了母亲的棋子，一边帮忙监视他们，一边困惑为何母亲仍在忍受。

几十年后，我出版了一本名叫《儿童虐待》* 的小册子，册子用照片的形式讲述了父母的情感旋涡对我造成的影响。

* 在册子里，布尔乔亚写道："你每天都需要抛弃你的过去，接受它。如果你不能接受它，你就会成为一个雕塑家。"

数学不会背叛

1932 年，布尔乔亚进入索邦大学学习数学和几何学。公式和规律让她着迷，因为它们象征着某种恒定不变的事物（比如，两条平行线永远不会相交，在它们的关系中没有意外）。母亲死后，布尔乔亚转向学习艺术。只有在艺术创作里，她才能尽情思念母亲，并且消耗那种痛苦。

1932 年

布尔乔亚的母亲离世。

路易斯·布尔乔亚　诞生　2007 年

布尔乔亚描绘了自己眼中母亲与孩子的关系。母亲把孩子从产道中推出，两者仍然藕断丝连，即使未来他们终将分离。母子关系并非总是神圣而洁净的，它首先是一种红色的联系——血肉模糊、血脉相连、包含愤怒与热爱。

离家万里

1938 年，布尔乔亚遇到了戈德沃特。据说，戈德沃特在很多方面和布尔乔亚的母亲很像——理性、聪明、从不发火。他们很快结婚并移居美国，共同抚育了三个孩子。

谁能给路易斯·布尔乔亚归类?

在美国，布尔乔亚结识了流亡的超现实主义者们，和抽象表现主义团体的关系也很密切。但是，布尔乔亚的作品却不属于任何一个流派。布尔乔亚不需要潜意识的指导，更不需要在“不知道自己要做什么”的情况下泼洒颜料再刮下它们，等待奇迹显现。她站在不同的艺术浪潮之间，用记忆和身体创造了艺术史上独一无二的比喻，准备颠覆时人的期待。

1951年

布尔乔亚的爸爸离世。

让雕塑抢占身边的空间

“人物”系列雕塑，20世纪四五十年代

在20世纪40年代后，布尔乔亚从绘画转向雕塑。她说想召唤那些她失去的人们——留在故乡的、曾经熟悉的人，以他们为灵感创造雕像。那些雕像看起来足够抽象，却保留了人的特质，颀长、沉默，犹如影子、幽灵。它们常在展览中集体出现，把博物馆的空间临时变成它们的家庭聚会，而走入它们之中的观众便成了闯入者。

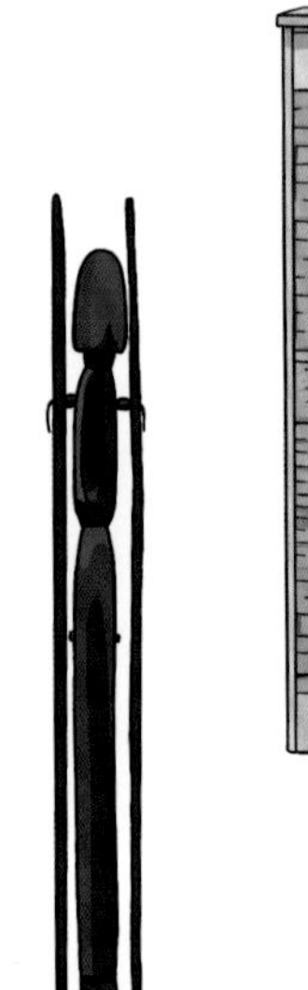

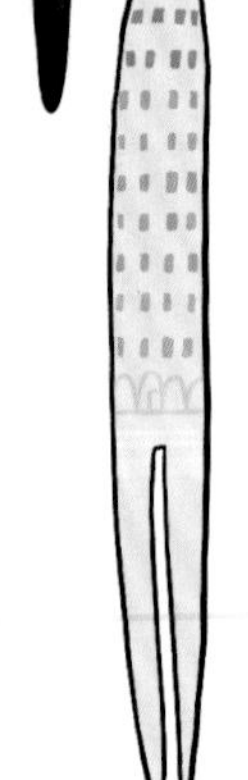

让雕塑失去安全感，变得脆弱

“巢穴”系列雕塑，20 世纪 60 年代

布尔乔亚的父亲会把自己的椅子收藏起来挂在天花板上，这让布尔乔亚对“悬挂”产生了兴趣。在巢穴系列里，布尔乔亚取消了雕塑通常会有的底座，将雕塑悬吊起来，让这些“动物避难所”处于一种矛盾状态：这是一个温暖稳固的家园，还是一间危房？

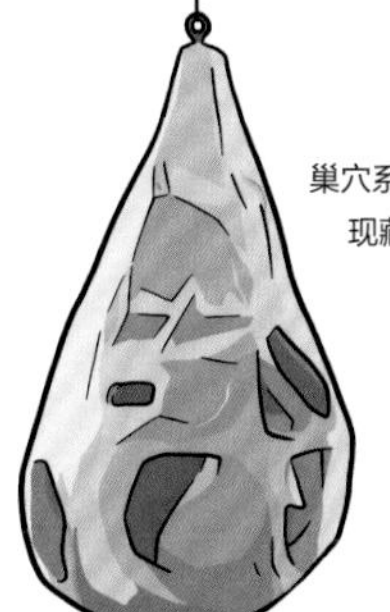

路易斯·布尔乔亚
巢穴系列：缝叶精灵　1963 年
现藏于法国伊斯顿基金会

1973 年

布尔乔亚的丈夫离世。

让雕塑变成一种表演

20 世纪 70 年代

布尔乔亚用乳胶做雕塑，并把它们变成演出服。1978 年，布尔乔亚在她的雕塑《对抗》旁举行了一场奇异的时装秀，请人穿上拥有大大小小的凸起的乳胶服装，在观众面前走动，并让模特反复喊出“她抛弃了我”。

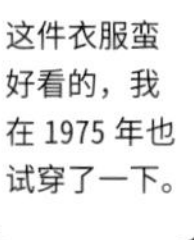

路易斯·布尔乔亚　伴侣　2003 年
现藏于瑞典斯德哥尔摩当代美术馆

清洗挂毯和给挂毯染色的时候一个重要的动作是用力拧挂毯，直到把水分彻底拧干。布尔乔亚在雕塑里用这个动作比喻人被情感缠绕时的状况。一对伴侣彼此需要，彼此压迫，又害怕分离，最后面目模糊，只剩下要把对方吸收进去的旋涡。雕塑用有镜面效果的铝制作，观众在观看它时，也会看到自己。

1980 年，杰里·格罗沃伊策划了一个包含布尔乔亚的群展。在交谈过程中，布尔乔亚突然滑倒了，这让他突然意识到这个看起来充满攻击性的艺术家多么脆弱。他们就这样认识，后来成了最好的朋友。

回顾展不是终点

1982 年，纽约现代艺术博物馆举行了布尔乔亚回顾展，那时她已经 71 岁了。这像是一个来得很晚的认可，但是，自那以后，布尔乔亚也一直没有停止突破自己。

“女人需要裸体才能进入博物馆吗？”

1984 年，一群女艺术家戴着大猩猩头套，化名“游击队女孩”，向艺术界的不平等发起进攻。她们制作大型海报《女人需要裸体才能进入大都会博物馆吗？》，指出在大都会艺术博物馆的现代艺术区里，只有 5% 的女艺术家，而博物馆里的画 85% 的裸体都是女性。通过宣传，她们让更多人意识到作为女艺术家获得展览的机会更少的问题。

女人需要裸体才能进入大都会博物馆吗？ 海报 1989 年
现藏于英国泰特现代美术馆

布尔乔亚是“游击队女孩”的偶像。在《当女艺术家的优势》海报里，她们提到其中一个“优势”是“你的事业可能会在八十岁以后有起色”，为布尔乔亚得到的滞后认可打抱不平。从某种程度来说，她们猜对了——**在八十岁后，布尔乔亚的艺术面貌再次改变了。**

1990 年
布尔乔亚领养的孩子米歇尔去世。

每一种痛苦都可以放进笼子里

1990 年左右，布尔乔亚开始建造巨大的笼子。

所有的人和记忆都有意义

每一个笼子都像是一个储藏室，充满许多让人好奇或者不安的元素——可能是布尔乔亚收集的和记忆有关的物品。比如可能是在某个伤心时刻穿的衣服；也可能是她缝制的多个人头，仿佛在沉默地对峙着；还可能是一些“无用之物”，像她童年时代破烂的挂毯。在布尔乔亚手中，没有应该被抛弃的东西，一切记忆都有意义。

在最小单元里认识自己

布尔乔亚玩了个语言游戏，把它叫作“Cells”：在英语里，它既有“单间牢房”的意思，也代表着“细胞”——生物体最基本的单元。组成人最基本的单元是什么呢？对布尔乔亚来说，可能是记忆，是那些被我们遗忘的零碎物品，是失落的对话。同时，人最难以逃脱的，就是用自己的偏好与缺陷编织的牢笼。

“牢笼”在布尔乔亚看来并不是一个糟糕的词，它是一个中性概念，一个认识自我的方式。她是这么解释的：“至少在一个封闭空间里时，你知道自己的极限在哪里。”

反复玩弄“观看”的规则

笼子是封闭的，观众不得其门而入，却可以通过笼子向内窥视，然后猜测这个笼子里的人过着什么样的生活，拥有什么样的痛苦。

布尔乔亚用笼子打破了观看艺术的规则。这些不同形状和大小的笼子没有起点和终点，也没有一个最佳的欣赏位置，它邀请观众不断移动，成为笼子呈现的那种生活的参与者甚至共谋者。欣赏它们、看到全貌需要时间和耐心，就像我们认识新的朋友，乃至认识自我，同样需要时间和耐心。

路易斯·布尔乔亚　细胞（眼睛和镜子）　1989—1993 年
现藏于英国泰特现代美术馆

在这个“细胞”里，布尔乔亚放入了用大理石制作的黑色眼珠和镜子，观众在其中会看到镜子里的眼睛和自己，在窥视笼子的同时审视自己。

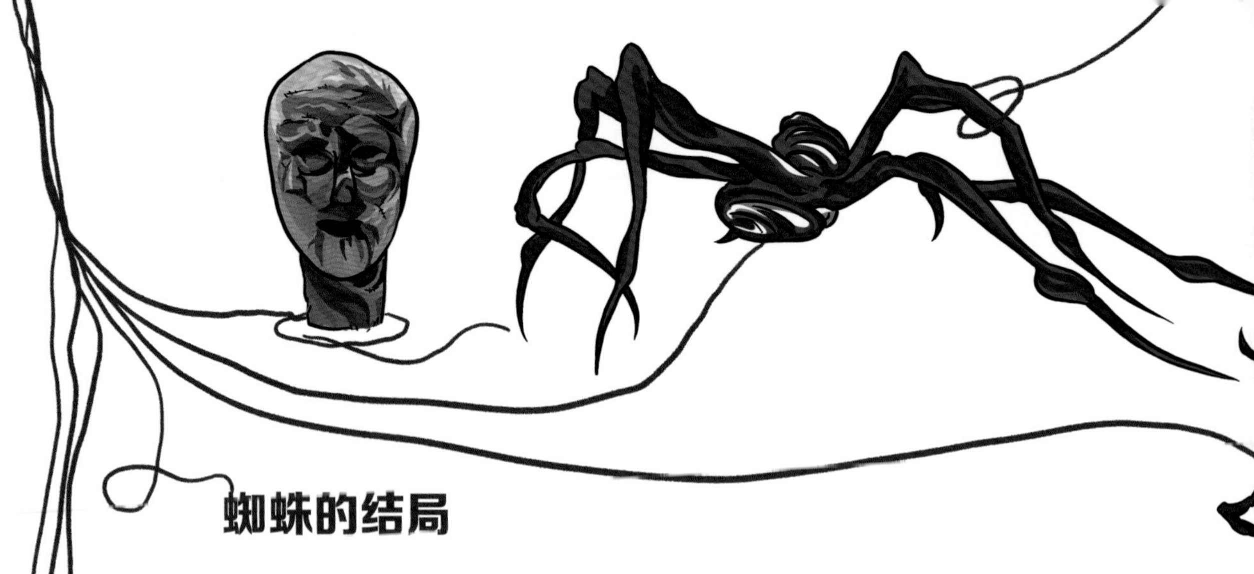

蜘蛛的结局

1994 年，布尔乔亚做了第一个大型蜘蛛雕塑。而后，她花了十几年时间，让那些象征着她最爱的妈妈的蜘蛛雕塑占领全世界。

在八十三岁的年纪，许多艺术家已经陷入失语或者自我重复，或者开始回忆往日的光辉，而布尔乔亚却通过反复地回望过去，不断挑战创作的可能性。一切故事从纺织开始——妈妈教会她缝纫，她最后编织了一个在破碎的家庭中成长的女孩的故事，那个女孩成了艺术史上不可或缺的艺术家，创造了一套极其私密的，又拥有普遍动人之处的语言。

布尔乔亚的助手格罗沃伊说，她在最后的日子里开始拒绝离开房子，不再旅行。布尔乔亚说："我的作品比我的肉身更像我。"从某种意义上，布尔乔亚说的是对的——我们总是在看见美丽的网的时候，就知道一只蜘蛛曾经在此勤奋地生活。

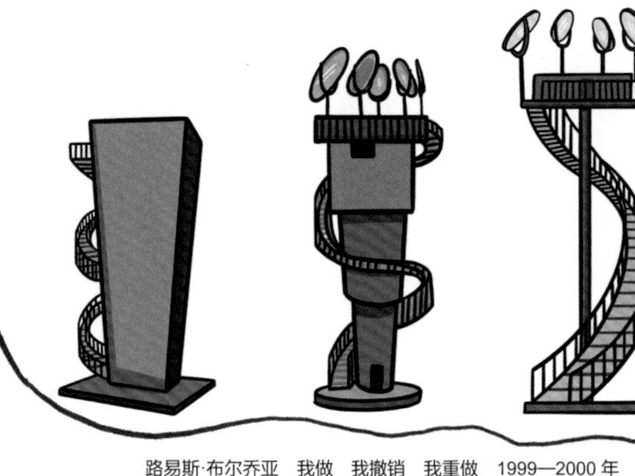

路易斯·布尔乔亚　无题（7 号）1993 年
现藏于法国伊斯顿基金会

布尔乔亚浇铸了格罗沃伊握住她的手的雕塑，并在手臂上加"盖"了一座小房子。当友谊与信任并存时，那个地方就是她的家园。

路易斯·布尔乔亚　我做　我撤销　我重做　1999—2000 年

布尔乔亚建造了三座塔楼，分别命名为"我做""我撤销""我重做"。观众可以花时间登上旋转扶梯，到达"做"和"撤销"的塔楼顶端，在天台上的镜子中观察多个角度的自己。而在"我重做"塔楼里，隐藏着一个持续向上的扶梯，在持续地创作、毁灭和再创作之中，你会发现无数个自己。

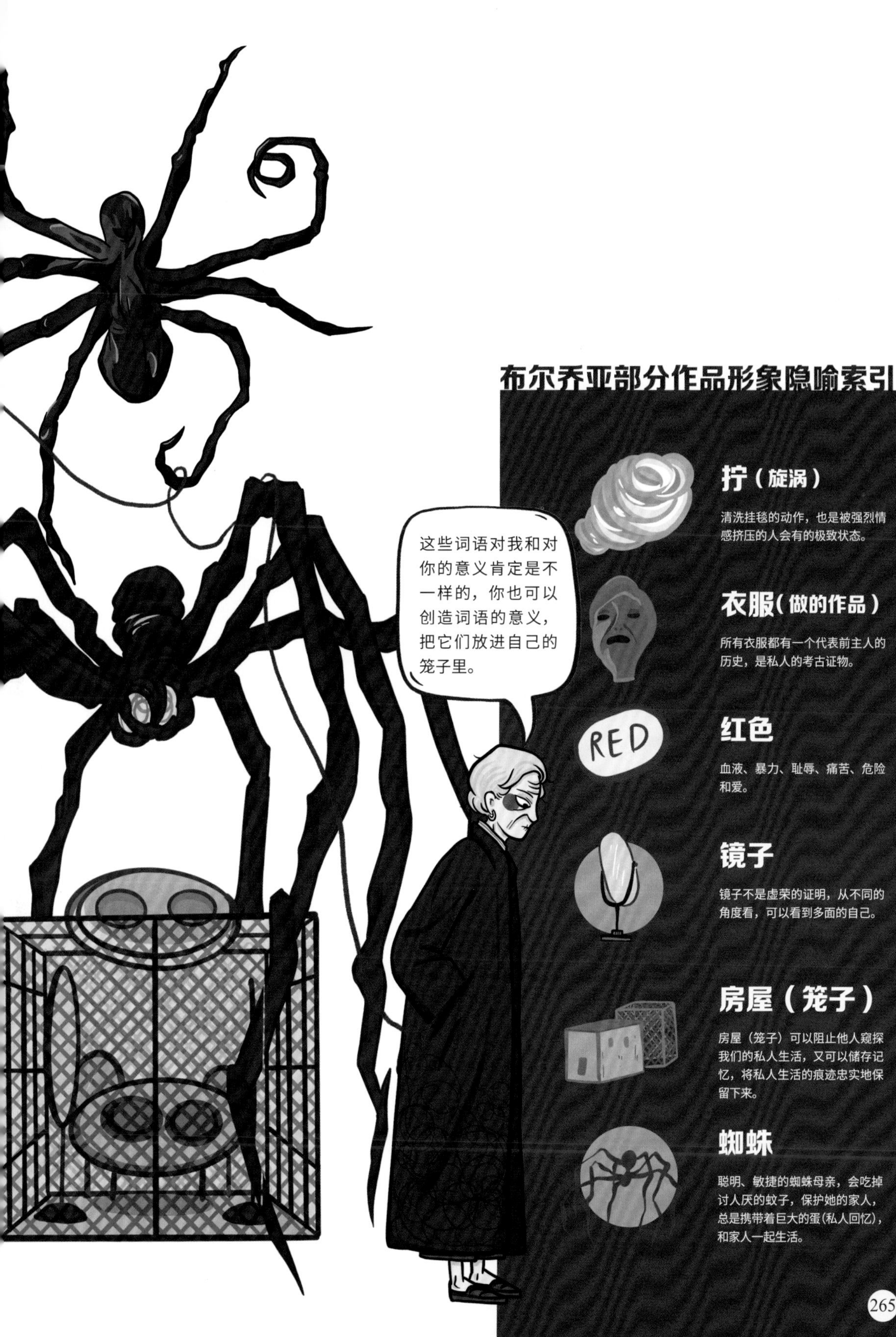

布尔乔亚部分作品形象隐喻索引

拧（旋涡）

清洗挂毯的动作，也是被强烈情感挤压的人会有的极致状态。

衣服（做的作品）

所有衣服都有一个代表前主人的历史，是私人的考古证物。

红色

血液、暴力、耻辱、痛苦、危险和爱。

镜子

镜子不是虚荣的证明，从不同的角度看，可以看到多面的自己。

房屋（笼子）

房屋（笼子）可以阻止他人窥探我们的私人生活，又可以储存记忆，将私人生活的痕迹忠实地保留下来。

蜘蛛

聪明、敏捷的蜘蛛母亲，会吃掉讨人厌的蚊子，保护她的家人，总是携带着巨大的蛋（私人回忆），和家人一起生活。

后 记

编辑说，读完了这本书，读者可能最想知道作者是什么样的人，于是希望我们能写一写这个部分。这本书有点特殊，它是联合创作，我（李君棠）负责写，垂垂负责画和排版，而实际上的执行要更复杂一些，我们的创作并不是互不干涉，而是彼此提意见、帮助对方修改，最终完成了这本书。因此，我们就想，后记不是一个人来写，应该做成两个人的“采访”。这样，你就能同时听到我们两个人的回答了。

（当然，这是个假采访，你可以尽情想象我们在尝试回答这些问题时的表情。）

1. 你们为什么想要做这本书呢？

垂垂：我老公是很少去逛博物馆和美术馆的人，每次去，他都会对我说同样一句话：“我看不懂，你去逛吧，我坐着等你。”一开始，我想做一个 PPT 给他讲艺术史，后来觉得，做都做了，为什么不做成一本书呢？让那本书通俗地告诉他——博物馆和美术馆里的东西他是能看懂的！最后觉得，既然做了，何不用更有趣的题材？

李君棠：之前我买过一本书，叫《艺术史的艺术：批评读本》，里面收录了纳内特·所罗门的论文《艺术史规则：忽略之罪》。那篇论文阐释了西方艺术史是如何从瓦萨里开始建立规则、有意忽略女艺术家，这些忽略又是如何被未来的艺术史书写者继承的。从那时候起，我就很想挑战一下，做一本真正属于女艺术家的艺术史科普书。但是我的行动力很糟糕，直到垂垂来找我，并且给我列了一个非常清晰的框架，我才真正开始动笔。

2. 你们最喜欢这本书的部分是什么？

垂垂：都喜欢。最喜欢的部分是画书里的小黑人，非常解压。

李君棠：好像真的只能说“都喜欢”！每一个女艺术家，都是我和垂垂一起看过她们的作品，非常喜欢她的风格、理念，才会选进书里的。调研是一个很快乐的过程，感觉每天都有新发现。另外，我特别喜欢的地方大概就是这本书的视角，我觉得我是有点“书呆子”的人，有时候会过于注重一个艺术家作品背后的概念，甚至超过对她作品本身的欣赏，但是垂垂会从画家的层面提醒我，什么是真正好的东西。我们两个人视角的融合大概就是这本书有趣的地方之一。

3. 做这本书的过程中有什么遗憾？

垂垂：很多东西因为篇幅限制删掉了——没错，在这本书背后，还隐藏有一整本书的内容。

李君棠：我觉得我们做这本书的时候还是没能完全逃避掉所罗门在《艺术史规则：忽略之罪》里批评过的那个框架，有时候仍然会免不了强调西方艺术史正典里的概念。一方面是因为我的学术能力有限，另一方面也是出于科普书的考量，想用一些读者熟悉的艺术史概念和流派，来引导他们注意到和这个流派及概念相关的女艺术家。

4. 分享一个和这本书有关的，读者可能不容易注意到的小细节或小秘密吧。

垂垂：猜猜哪一个小黑人是我，哈哈！

李君棠：这本书目录里的女艺术家有 23 个，实际上我们让更多女艺术家藏在了里面，比如追随文俶的画家周淑祜、周淑禧，还有更多隐藏在人物关系页、历史背景页面里的女艺术家，比如嫁人以后就放弃雕塑的杰西·利普斯科姆，一张作品也没流传下来的管道杲和普鲁登西亚·真蒂莱斯基。也许以后你在阅读艺术家传记的时候，会多问一句：与某位艺术家一起学习的同学去了哪里？那位同样爱好艺术的艺术家的妹妹现在过得怎样？或许，就能发现又一个被遗忘的女艺术家。

5. 对读到这本书的人，有什么期待吗？

垂垂：希望喜欢艺术的人，能得到周围人的理解和支持，想学就学。

李君棠：这本书介绍的女艺术家实在是太少了，还有好多是我们忍痛删除或者没来得及写的。希望未来有更多关于女艺术家的科普读物，也希望如果有机会的话，你能去寻找身边的、熟悉的历史里的女艺术家，希望这本书是你一切美妙发现的起点。

在艺术史中，
女性艺术家
从未缺席。

在这本书里，她们将一一登场。

作 | 者 | 简 | 介

· 李君棠 ·

伦敦大学学院（University College London）比较文学专业硕士。曾在一家书店担任营销主管，擅长以讲故事的方式让文化内容成为畅销产品。在阅读了大量中外艺术史科普作品后，认为这其中还存在一个市场空白：从女性艺术家角度出发的艺术史全年龄段科普。于是，希望将女艺术家的作品作为一件“好产品”，用通俗易懂的语言推广给更多的读者。

· 垂垂 ·

插画师，绘本作者。

博物馆学学士，工艺美术专业硕士。

致力于全年龄科普绘本创作，作品涵盖人文、艺术、化学、物理、生物、神经科学等知识领域。如“假如世界系列”科普、《我们的一天》等。

入选 2021 福布斯中国 30 岁以下艺术精英榜。

SOFONISBE
MERIAN
MARY